바닥에서 살아도
하늘을 본다

내가 진실로 진실로 너희에게 이르노니 한 알의 밀이 땅에 떨어져 죽지 아니하면
한 알 그대로 있고 죽으면 많은 열매를 맺느니라 (요한복음 12:24)

꼴찌에게 보내는
다섯 가지
인생 이야기

바닥에서
살아도
하늘을 본다

김진홍 지음 | 최윤규 그림

한알의밀알

나는 촌놈, 머슴의 후손, 재수생, 삼류대생이었습니다.
그러나 나는 꿈을 꾸었습니다.

나는 높은 아파트의 서울이 아닌 가난한 코흘리개 촌놈으로 태어났고, 나는 양반집 큰아들이 아니라 머슴 집 과부의 셋째 아들로 자랐습니다. 나는 남들이 패배자라고 보는 재수생이었고 촌구석 지방대를 나온 사람입니다. 울기도 참 많이 울었고 주먹을 꼬옥 쥐고 일어서기도 했던, 빌어먹을 나는 높은 자가 아니라 늘 낮은 자입니다. 지금도 나는 높은 자 곁에 있지 않고 장애인, 전과자, 과부, 고아 같은 낮은 자와 함께 살아갑니다. 내가 낮은 자이기에 높은 자보다 낮은 자가 편합니다.

혹시 스스로 낮다고 여기는 영혼이 머리가 나쁘다고 낙심할까 싶어, 혹은 스스로 높다고 여기는 영혼이 머리가 너무 좋아 교만할까 싶어, 낮은 자가 이야기를 전합니다. 나도 보잘것없는 이라고 나도 별 볼 일 없는 인간이라고. 하지만 우리는 살아있음 자체가 희망이기에 엄청나게 높은 꿈을 키우며 가슴 펴고 어깨 걸고, 그 꿈을 하나씩 이루는 재미로 살고 있습니다.

성스러운 기운(聖靈)에 취해 낮은 이웃들과 휘파람 씽씽 불며 긴 호흡으로 살면 신나고 기쁘기에, 햐!

1995년 설날 무렵

김진홍

『바닥에서 살아도 하늘을 본다』 개정판에 부쳐

이 시대 이 땅에서 살아가는 젊은이들에게 항상 관심을 갖고 있는
김진홍 목사입니다.

15년 전에 젊은이들을 위한 책으로『바닥에서 살아도 하늘을 본다』
를 출간하였습니다. 이런 저런 사연으로 바닥을 헤매고 있는 젊은이
들에게 다시 일어설 수 있는 용기를 주고 싶은 마음에 집필하게 된
책이었습니다. 이 책이 출간된 이후 여러 젊은이들로부터 이 책을 읽
고 새로운 도전에의 용기를 얻었다는 말을 듣고 퍽 기뻤습니다.

그러나 그 이후 15년의 세월이 지났습니다만 젊은이들이 살아가
기에는 그 때나 지금이나 나아지지를 못하고 있습니다. 여전히 청년
들이, 청소년들이 방황하고 고통을 당하고 있습니다. 그렇다고 젊은
이들이 어른 세대를 원망만 하고 있어서야 되겠습니까. 젊은이들에
게는 그들만의 특권이 있습니다. 젊은이답게 스스로 일어서고 스스
로 도전하는 특권이 바로 그것입니다. 나는 지금 74세입니다. 경북
청송 두레산골의 가난한 머슴 집에서 태어났습니다. 일찍이 부친을

여의는 바람에 가난한 가운데서도 최악의 조건이었지만 스스로 헤쳐 나오며 오늘에까지 이르렀습니다. 지금 돌이켜보면 가난과 시련과 역경이 오히려 나에게는 큰 축복이 된 것입니다.

나는 비록 바닥에서 살면서도 늘 하늘을 바라보는 삶을 살아 왔습니다. 그래서 성공적인 일생을 살았다고 자부합니다. 내가 스스로 성공하였다고 말할 수 있는 것은 높은 자리에 올라서도 아니요, 재산이 많아서도 아닙니다. 건강한 몸과 마음으로 많은 사람을 도우며 살 수 있어서입니다. 내가 살아오면서 삶의 체험을 통하여 얻은 지혜는 누구든지 자신만을 위하여 살지 아니하고 이웃을 위하여 살고 남을 도우며 살면 결국은 그 도움이 자기 자신에게로 돌아온다는 사실입니다. 나는 많은 사람을 도우며 살자고 다짐하고 실천하며 살았기에 행복하였습니다.

내가 이 시대를 살아가는 젊은이들에게 확신을 갖고 권면하는 바가 있습니다. 성경에서 일러 주는 바와 같이 "이웃을 사랑하되 자기가 자기를 사랑하는 기준으로 사랑하라"는 말입니다. 자기 자신을 사랑하는 사람은 이웃을 사랑하여야 합니다. 그렇게 실천하는 사람에게는 하늘이 복을 주십니다. 다른 사람을 행복하게 한 만큼 그 행복이 자신에게 돌아옵니다.

　요즘 청년실업이라 하여 많은 젊은이들이 일자리가 없어 고민합니다. 그러나 나는 일자리가 없다는 말에 동의하지 않습니다. 다만 있는 일자리를 찾지 못하고 있을 따름이라고 생각합니다. 일자리는 자신이 만들어 나가야 합니다. 도전 정신과 개척 정신은 젊은이들이 지니는 특권입니다. 열심히 남을 돕는 일을 찾아 실천하면 자신의 일자리는 덤으로 따라옵니다. 나는 그렇게 생각하고 생각하는 바대로 실천하여 왔습니다. 그래서 많은 복을 받았습니다.

　바라건대 많은 젊은이들이 『바닥을 살아도 하늘을 본다』를 읽고 심기일전(心機一轉)하여 새롭게 시작할 수 있게 되기를 기대하며 이 글을 줄입니다.

2015년 5월 두레마을

김진홍

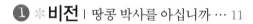

contents

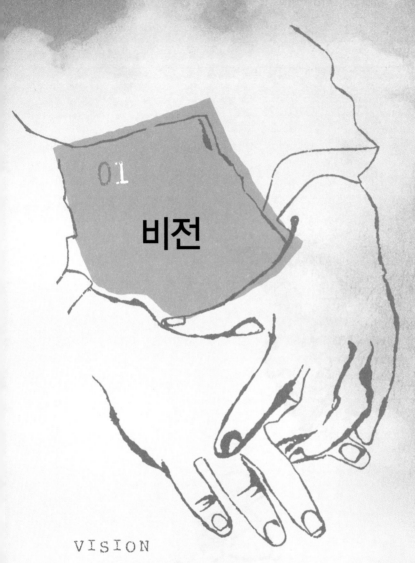

01

비전

VISION

이는 곧 선지자 요엘로 말씀하신 것이니 일렀으되 하나님이 가라사대 말세에 내가 내 영으로
모든 육체에게 부어 주리니 너희의 자녀들은 예언할 것이요 너희의 젊은이들은 환상을 보고
너희의 늙은이들은 꿈을 꾸리라 그 때에 내가 내 영으로 내 남종과 여종들에게 부어 주리니 저
희가 예언할 것이요 (사도행전 2:16~18)

포기하지 않고
한 번에 하나씩
실천하면······
꿈은 이루어진다.

한 번에 하나씩!

땅콩 박사를 아십니까

포기한 삶, 꿈꾸는 삶

땅콩과 카버 박사

교회에서 길러 내는 청년들은 신앙도 좋고 뜻도 좋은데 한 가지 약점이 있다면 패기가 약한 것입니다. 남자들은 뚝심이 적고 여자들은 좀 깡이 적지 않나 싶어요. 교회에서 자란 남녀 청년들은 너무 착하기만 해서 이 험한 세상을 차고 나가는 씩씩한 돌파력이 약하지 않나 하는 걱정이 앞섭니다.

두레마을에는 겨울방학, 여름방학마다 대학생과 청년들을 대상으로 하는 「말씀과 노동학교」가 있습니다. 매년 1월과 8월에 2주간 실시하는 「말씀과 노동학교」는 글자 그대로 노동과 말씀을 겸하는 동기 대학, 하기 대학입니다.

아침 여섯 시에 일어나서 한 시간 동안 묵상 시간을 갖고 낮부터 여섯 시간 정도 고된 중노동 일을 합니다. 이 일은 굉장히 힘들고 심한 노동입니다. 닭똥 치고, 땅 파고⋯. 어느 정도로 일을 심하게 시키는가 하면 안 죽을 만큼 시킵니다. 남녀 구별하지 않습니다. 여자들에게도 중노동을 시킵니다. 일이 힘들어 못하겠다는 말을 하면, 집에 가라고 그럽니다. 야박할 정도로 냉담하게 말해 줍니다. 집에 가서 편안하게 지내라, 그러는 거지요. 일을 마친 후 저녁에는 두 시간씩 창세기부터 요한계시록까지 말씀을 공부합니다.

그때 청년들에게 꼭 읽히는 책이 있습니다. 『땅콩 박사 *George Washington Carver*』라는 책입니다. 미국인인 로렌스 엘리어트 (Lawrence Elliott)라는 작가가 썼고 우리나라에서는 대한기독교서회에서 번역하여 출판했습니다.

이 책은 미국 식물학자인 조지 워싱턴 카버의 일생을 그렸습니다. 한 신앙인 과학자가 어떤 비전을 가지고 실천하며, 과학과 믿음 사이에서 어떻게 자기 신앙을 지키고 이웃을 섬길 수 있었는지에 대한 좋은 모범을 보여 줍니다.

조지 워싱턴 카버는 흑인 노예의 아들로 태어났습니다. 태어날 때부터 몸이 너무 약했습니다. 버려지다시피 했습니다. 그런데 은혜로 살아남아서 끈질기게 공부했습니다. 그는 흑인 노예 소년이었기에 제대로 교육을 받지는 못했지만 주인집 백인 아들이 공부하는 것을 어깨 너머로 보며 배웠습니다. 그 뒤에 그는 대학까지 들어가 식물학을 전공했습니다. 자신이 배우는 식물학과 농학으로 가난한 흑인과 농민들을 어떻게 도울 수 있을까 하는 꿈을 갖고 열심히 연구했습니다.

농학박사 학위를 받은 뒤에 좋은 자리에 갈 수 있음에도 불구하고 가난한 흑인 농민들이 사는 지역으로 내려갔습니다. 그리고 '내가 배운 농학으로 어떻게 이웃을 도울 것인가' 하는 기도 제목과 함께 열심히 연구했습니다. 그러던 차에 땅콩을 새로 개발하게 되었습니다. 땅콩씨 품종을 개발해서 농가에다 보급을 했습니다.

"땅콩 길러 잘 살자!"

카버 박사의 말을 듣고 농민들은 땅콩을 심었습니다. 신품종으로 심게 되자 수확이 많아졌습니다. 다수확이었습니다. 그런데 이처럼 과잉 생산이 되니까 문제가 생겼습니다. 팔 수가 없게 되었습니다. 나중에는 밭에서 땅콩을 캐내는 인건비조차 나오지 않을 정도로 땅콩값이 떨어지게 되었습니다. 그렇게 되면 누가 원망을 듣겠습니까? 농민을 사랑하여 땅콩 종자를 개발하고 농민을 위해 자기 인생을 건 카버 박사였습니다.

자기 말을 듣고 땅콩 농사한 농민들이 아주 어려운 지경에 빠지자, 카버 박사는 얼마나 가슴이 아팠던지 너무 답답해서 땅콩을 한 주먹 쥐고 연구실에서 나와서 밤하늘이 펼쳐 있는 들로 나갔습니다. 밤중에 들로 나가, 달빛 아래 땅콩을 한 주먹 쥔 채로 탄식하다가 하늘의 달과 별을 바라보면서 "여호와 아버지, 이 아름다운

우주는 왜 지으셨습니까?" 하고 물었습니다.

그때 하나님의 음성을 들었습니다.

"질문이 너무 크다. 너에게 어울리는 질문을 해라."

그래서 카버 박사는 "하나님, 그러면 사람을 왜 지으셨습니까?" 그랬더니, 하나님께서 재차 말씀하셨습니다.

"그 질문도 너무 크다. 내가 사람을 지었는데 네가 뭔 그런 소릴 하느냐? 너에게 맞는 질문을 해라!"

카버 박사가 손에 쥔 땅콩을 들면서 다시 물었습니다.

"하나님, 그러면 이 땅콩은 왜 지으셨습니까?"

그러자 하나님께서 "그 땅콩을 가지고 연구실로 들어가라." 하고 말씀하셨습니다. 그 음성을 듣고 카버 박사는 연구실에 들어가서 땅콩을 쪼갰습니다. 그리고 플라스크에 넣고는 끓이고 분석하며 땅콩 성분을 하나하나 과학적으로 연구하기 시작했습니다.

연구 결과 무엇이 나왔느냐 하면 바로 땅콩 버터가 나왔습니다. 그리고 땅콩 색소가 나오고 땅콩 화장품도 나왔습니다. 또 땅콩으로 치료제가 나오고 모두 백여덟 가지의 제품을 땅콩에서 만들었습니다. 농촌의 허름한 외양간 같은 그 실험실에서 땅콩을 가지고 백여덟 가지의 제품을 만들어 낸 것입니다.

그 다음에 그 제품을 상품화하는 공장을 세웠습니다. 카버 박사의 말을 듣고 땅콩을 심었다가 망해서 탄식하는 농민들의 땅콩을 전부 모았습니다. 그리고 가공하여 농민들이 잘 살 수 있는 길을 열었습니다. 그 소문이 전해지자 카버 박사는 미국 국회의사당에 가서 연설을 하게 됐습니다.

간증하는 국무장관

미국 국회는 좋은 점이 있습니다. 국회가 우리나라처럼 여당 야 당 시끄럽게 부딪치는 짓만 하는 게 아니라, 틈틈이 그 나라에서 아 주 뜻이 높은 학자나 사상가, 좋은 일꾼을 모셔다가 국회의원들이 강의를 듣는 시간이 있습니다.

저도 1986년에 워싱턴에 가서 설교를 한 적이 있습니다. 레이건 대통령 임기 중의 얘깁니다. 미국 국회의원, 정치가 1,500명이 모인 곳에서 연설을 했었습니다. 얼마나 그 자리가 진지한지 모릅니다. '미국이란 나라가 흔들흔들해도 이런 분위기가 있구나!' 하며 아 주 감동을 받았습니다.

제가 갔을 때도 사회자가 "상원 대표가 나와서 성경 말씀 봉독 하시겠습니다." 하고 소개를 하자, 상원 국회 대표로 상원의 수위 가 나왔습니다. 그 수위가 구약성경을 봉독했습니다. 신약은 해병 대 사령관이 나와서 봉독했습니다. 그 다음에 국무장관 베이커가 간증을 했습니다. 장관이 간증하는 겁니다. 대통령도 다 있는 자 리에서 말입니다.

어떤 간증을 하느냐 하면 레이건 팀의 각료로 일할 당시에 자기 신앙과 국가 이익이 한 번 서로 부딪친 적이 있었답니다. "내가 장관으로서 국가의 이익을 따라서 결정을 하면 내 신앙에 위배가 되고, 내 신앙적으로 결단하면 장관으로서 직책에 위배가 되기 때문에 고민했다."는 겁니다. 이리저리 궁리 끝에 그는, '내가 장관으로 있는 이상 직책에 충실해야지.' 그렇게 생각을 하고 신앙을 어기며 책임에 따라 결재를 했다고 합니다.

그런데 결과가 어떻게 됐느냐 하면 국가 이익에 보탬이 안 되었고 신앙도 물론 마이너스가 되었다는 겁니다. 결론지어 말하길 베이커 장관은 앞으로는 그럴 경우에 장관의 신분이 먼저가 아니라 크리스천으로서 내 신앙을 먼저 선택한다고 결심했답니다.

이게 그의 간증입니다. 그렇게 간증을 대통령 앞에서 했습니다. 우리나라 같으면 문제가 되겠지요. 대통령이 그 말을 들으면 '저 사람! 누구야? 집에 가서 애기나 보라고 그래.' 이렇게 말할 텐데 미국이란 나라는 그게 통하는 나라입니다.

국회의사당에서 기립 박수를 받고

카버 박사가 그 시절 국회의사당에 강사로 초청을 받았습니다. 흑인 노인 학자는 허름한 옷을 입고 허름한 가죽 가방에 백여덟 가지 땅콩에서 나온 생산품을 넣어서 국회의사당으로 갔습니다. 들어가는데 수위실부터 걸렸습니다.

"영감, 어디 가는 거요?"

"아, 제가 맡은 강의가 있어서요."

신분을 확인하는 까다로운 설차를 거쳐 어렵게 들어갔습니다.

한편, 의사당에서 국회의원들은 강사를 기다리고 있었습니다. 그런데 새카만 흑인이 오니깐 일어날 생각도 않고 잡담하고 떠드는 겁니다. 그래도 이 허름한 차림의 노인, 카버 박사는 조용히 앞에 나가서 허름한 가방에서 뭘 하나 끄집어내면서 강의를 시작했습니다.

"이건 땅콩에서 만든 색소입니다. 이건 땅콩에서 만든 화장품입니다. 이건 땅콩에서 만든 치료젭니다……"

하나하나 소개하기 시작했습니다. 절반쯤 가니깐 국회의원들이 진지해졌습니다. 백여덟 가지 소개를 다 끝낸 뒤에 간증을 했습니다. 땅콩을 농민들에게 보급을 했다가 다 망한 얘기를 했습니다. 그리고 하도 답답해서 땅콩을 한 주먹 쥐고 들에 나가서 하늘을 쳐다보고 항의하면서 하나님께 물었던 얘기도 했습니다. 하나님께서 땅콩을 가지고 실험실로 가라는 음성을 들려 주셨던 그 얘기였습니다.

하나님의 음성을 듣고 실험실에 가서 땅콩을 부숴서 해부하고 현미경으로 들여다보고…. 그렇게 해서 백여덟 가지 발명품을 만들어 낸 간증을 했습니다. 카버 박사가 강연을 마치자 모든 국회의원들이 전부 기립해서 박수를 쳤다고 합니다.

이 카버 박사 이야기가 『땅콩 박사』의 내용입니다.

여러분은 청소년이라는 중요한 시기를 살고 있습니다. 앞으로 여러분의 인생이 어느 방향으로 나가느냐를 결정하는 아주 중요한 시기입니다.

여러분들 가운데서 조지 워싱턴 카버 같은 자기의 인생을 걸고 과학기술을 연구하는, 신앙과 명예와 꿈을 걸고 연구하는, 그런 과학자가 많이 나와야 합니다. 그래서 여러분의 기술과 사상과 그 문화가 우리 농민들을 돕고 나라와 민족을 돕고, 그리고 예수님의 이름으로 세계에 한국 기독교인의 빛을 발할 수 있는 그런 인재들이 될 수 있기를 바랍니다.

비전이 무엇입니까?

여러분, 일류 대학에 못 붙었다는 이유로 주변 환경을 탓해서는 안 됩니다. 천만의 말씀입니다. 조지 워싱턴 카버는 노예의 아들로 태어나 노예로서 도무지 교육을 받을 수 없는 환경이었습니다. 그러나 그는 가장 나쁜 조건 속에서 가장 큰 꿈을 이루었습니다.

어떻게 그럴 수 있었습니까? 그는 다른 흑인 소년들이 가지지 못했던 신앙을 가졌던 것입니다. 그 신앙에서 나오는 '비전'을 가졌습니다. 비전이 무엇입니까? 비전은 신앙 속에서 미래를 바라보는 것입니다.

몇몇 사람들은 아이디어를 가지고 있다.
그러나 그들 중 일부만이
행동으로 옮겨 실현시킨다.

카버 박사와 같이
자기 인생을 걸고
연구하는 사람을
〈혁신가〉라고
부릅니다.

묵시가 없으면 백성이 방자히 행하거니와 율법을 지키는 자는 복이 있느니라 (잠언 29:18)

대단히 중요한 말씀입니다. '묵시'를 영어 성경에서는 'vision'이라 그랬습니다. 비전이 없으면 백성이 방자히 행한다. 방자히 행한다는 말은 '망할 짓을 골라서 하거니와'라는 뜻입니다. 비전이 없는 국민들은 국민 스스로 '될' 일을 찾아 하는 게 아니라 '망할 짓'을 골라서 한다는 말입니다.

그래서 한 민족, 한 나라, 한 백성이 망하고 흥함은 성경적으로 말한다면 비전이 있느냐 없느냐에 따라 결정되는 것입니다. 아무리 조건이 어려워도, 카버 박사처럼 최악의 경지에 떨어졌어도, 비전이 있는 백성들은 그 비전을 가지고 역사를 일으킵니다. 비전이 없으면 백성이 망한다고 그랬습니다.

그러면 그렇게 중요한 비전을 어디에서 배울 수 있습니까? 그 비전을 어디서 받습니까? 서울대학교에서 역사를 일으키는 비전을 가르쳐 줍니까? 국회에서 비전을 가르쳐 줍니까? 아니면 경제 연구소에서 비전을 가르쳐 줍니까? 우리는 어디서 비전을 받을 수 있을까요?

구약성경 요엘서 2장을 보면 우리가 비전을 어디서 받게 되는지 알려 주는 귀한 말씀이 있습니다 그 후에 내가 내 신을 만민에게 부어 주리니 너희 자녀들이 장래 일을 말할 것이며 너희 늙은이는 꿈을 꾸며 너희 젊은이는 이상을 볼 것이며 (요엘 2:28)

"내가 내 영, 곧 성령을 만민에게 부어 주리니" 하나님의 신, 누구를 말하는 겁니까? 성령님을 말씀하는 것입니다. "너희 자녀들이 장래 일을 말할 것이며" 성령 받으면 우리 자녀들이, 청소년들이 장래 일을 말한다는 뜻입니다. '장래 일을 말한다'를 풀이하면 '예언한다'라고 바꿔 쓸 수 있습니다. "너희 늙은이는 꿈을 꾸며" 성령 받으면 할머니 할아버지들이 꿈을 꾼다는 말입니다. "너희 젊은이는 이상을 볼 것이며" 이것이 바로 '비전'입니다.

잠언 29장 18절의 '묵시'란 말과 요엘서 2장 28절의 '이상'이란 말은 영문 성경에는 다같이 'vision'이라고 번역이 되어 있습니다. 성령을 받으면 자녀들이 예언을 하고 노인들은 꿈을 꾸고, 청년들이 성령을 받으면 비전을 본다고 그랬습니다.

비전을 보는 것이 무엇입니까? 사도행전 2장에서는 오순절 성령충만의 역사가 임함으로 교회가 시작되었습니다. 교회가 시작되자마자 성령님께서 임하신 초대 교회 사도들은 곧바로 요엘서 2장, 그 말씀을 즉각적으로 인용했습니다.

토정비결, 아직도 믿습니까?

여러분, 제가 말씀드리고자 하는 주제가 무엇인지 아십니까? 바로 '비전 있는 신앙'입니다.

저는 여러분들이 그냥 평범한 대학생, 평범한 직장인으로 살고 끝나는 것을 원치 않습니다. 저보다 예수님께서 더 원치 않으십니다. 여러분이 속한 교회가 원치 않습니다. 여러분의 실력이 있고 없고, 지능이 높고 낮음를 떠나서 성령님을 받은 아들 딸로서, 성령님께서 여러분에게 허락하시는 비전 있는 젊은이로 지금부터 살기를 원합니다.

예수님이 그렇게 원하는 것이고 여러분의 교회가 원하고 조국이 원합니다. 한국 교회는 여러분을 통해서 예수님의 뜻이 한반도에서 이루어지길 원하고 있습니다. 성령이 임하시면 젊은이가 비전을 본다고 분명히 성경은 말씀하고 있습니다. 사도행전 2장을 보면 첫부분에 오순절 성령이 임하심으로 교회가 시작됐습니다. 교회가 시작되자마자 사도들은 바로 요엘서 2장의 예언을 인용했습니다.

이는 곧 선지자 요엘로 말씀하신 것이니 일렀으되 하나님이 가라사대 말세에 내가 내 영으로 모든 육체에게 부어 주리니 너희의 자녀들은 예언할 것이요 너희의 젊은이들은 환상을 보고 너희의 늙은이들은 꿈을 꾸리라 그 때에 내가 내 영으로 내 남종과 여종들에게 부어 주리니 저희가 예언할 것이요 (사도행전 2:16~18)

성령 받으면 우리 자녀들이 '예언한다'고 말씀하고 있습니다.

예언이 뭔지 아십니까? 몇 년 전에 대학까지 나온 어떤 권사님이 저에게 와서는 "목사님, 우리 아들이 서울대학교에 시험을 쳤습니다. 합격이 될지 예언 좀 해주십시오." 그래서 제가 어안이 벙벙해서 한참 쳐다봤습니다.

"권사님, 그건 예언이 아닙니다. 그건 상식입니다. 무슨 상식인지 아십니까? 아드님이 성적이 좋으면 되고, 성적이 나쁘면 떨어지는 겁니다. 그런 것을 가지고 예언을 받으려고 하면 안 됩니다. 그걸 예언이라고 해 주는 목사님이 있으면 그 사람은 목사가 아니고 점쟁입니다. 그런 사람은 목사를 하면 안 되는 사람입니다. 합격될까 안 될까, 그것을 눈 감았다 떴다 몇 번 한 뒤에, 됩니다, 안됩니다, 그러고 헌금 받으면 사기꾼 목사이고 사이비입니다. 그건 점쟁이지, 목회자가 아닙니다."

예언이란 뜻을 잘 모르면 그렇게 됩니다. 옛날 우리 어른들은 열심히 예언하는 책을 읽었습니다. 『토정비결』이라는 책입니다. 요즘도 1월이 되면 그 예언책, 『토정비결』을 읽습니다. 얼마나 우스운 책입니까?

제가 열두 살 때 우리 집안이 다 모여서 장난으로 『토정비결』을 한번 봤는데, 제게 '금년에 아들 얻을 운세로다' 라는 말이 나왔습니다. 그걸 해마다 예언이라고 받습니다. 우리가 성령을 받아서 예언을 그런 식으로 알면 큰일 납니다.

그러면 성령 받은 자녀들이 하는 예언은 무엇입니까? 백성들이 나가는 길이 없을 때에, 그 시대에 성령님이 주시는 지혜와 깨달음으로 길을 찾아 백성들에게 알려 주는 것, 그것이 예언입니다. 예수님께서 '나는 길이요 진리요 생명'이라고 하셨습니다.

그렇습니다. 예수님께서 이 시대의 '길'임을 선포하는 우리 자녀들이 바로 '예언하는 사람'입니다. 성경에서 예언의 중심은 바로 '예수님이 길'입니다.

누가 보여 줍니까?

사람들이 지금 우리에게 남북통일의 길이 없다, 국가가 발전하는 길이 없다고들 합니다. 모든 것이 어려워지고 흔들린다고 합니다. 어떤 경제인은 경제가 솟아날 길이 없다고 말합니다. 정치하는 사람들이 잘못해서 국가의 경제가 어려워졌다고 탄식하며 한숨을 푹푹 쉬기도 합니다. 저는 그 말을 듣고는, 그러나 길은 있기 마련이라고 말해 줍니다.

길은 어디에 있을까요? 성령 받은 하나님의 자녀들인 여러분들이 '길 없는' 이 시대에 길을 찾아서 알려주어야 하는 것입니다. 그

비전은 신앙 속에서 미래를 바라보는 것이다!

것이 바로 '예언한다'입니다. 그런 예언자가 되어야지, 내가 출세하느냐, 고등고시 합격되느냐, 대학에 합격이냐 낙방이냐를 말하는 것은 성경적인 예언이 아닌 것입니다.

성령 받으면 너희 자녀들이 예언할 것이요 늙은이들은 꿈을 꾸고 청년들은 환상을 본다고 했습니다. '환상.' 그것이 바로 비전입니다. 이스라엘 백성들이 망하게 되었을 때, 그 절망에 빠진 백성들에게 희망의 소식을 전해주는 것을 비전이라고 합니다.

여러분은 신앙에 있어 중요한 단어에 대해서 '말의 뜻'을 정확하게 이해할 필요가 있습니다. 말의 뜻, 영어로 'terminology'를 정확히 이해해야 합니다.

성령 받은 청년들이 비전을 본다고 했는데 그 비전이란 말이 무엇입니까? 백성들이 절망하고 있을 때에 '희망의 소식을 전해 주는 것', 그것을 비전이라고 합니다. 그 비전을 누가 본다는 것입니까? 서울대학교에서 보여 줍니까? 회사에서 보여 줍니까? 정치가 보여 줍니까? 누가 보여 준다는 것입니까?

성경은 딱 잘라 말합니다.

"내가 내 신을 부어 주어"

'성령을 부어 줘서!'

성령 받은 젊은이들이 그 시대에 백성들의 길이 막혀 절망할 때에 '희망의 깃발을 높여주어 비전을 보게 한다'고 성경은 분명히 말하고 있습니다.

지도자의 자세는 이래야 합니다

이스라엘 백성들은 그런 비전을 가지고, 망한 자리에서 살아난 역사가 있습니다. 이스라엘의 역사가 완전히 망하는 자리에 처했을 때에, 앞으로도 뒤로도 도무지 길이 없게 됐을 그때에 길을 만들어서 절망의 자리에서 희망을 보여 준 역사, 바로 '비전의 역사'가 있습니다.

> 백성이 하나님과 모세를 향하여 원망하되 어찌하여 우리를 애굽에서 인도하여 올려서 이 광야에서 죽게 하는고 이곳에는 식물도 없고 물도 없도다 우리 마음이 이 박한 식물을 싫어하노라 하매 (민수기 21:5)

이스라엘 백성들이 하나님을 원망했습니다. 은혜를 받을 때는 감사하다고 고백하지만, 시간이 지나면 다시 하나님을 배반합니다. 어려움이 오면 하나님을 원망합니다. 선지자를 돌로 치려 합니다. 그렇게 백성들이 계속해서 너무 하나님을 등지고 배반하니까 하나님께서 노하셨습니다.

> 여호와께서 불뱀들을 백성 중에 보내어 백성을 물게 하시므로 이스라엘 백성 중에 죽은 자가 많은지라 (민수기 21:6)

갑자기 사막에서 불뱀이 총집결을 해서 무차별로 막 물었습니다. 하나님과 지도자를 원망하는 백성들을 물어뜯었습니다. 다른 성경에 보면 하루에 2만 4,000명씩 죽었다고 되어 있습니다.

열흘이면 몇 명이 죽습니까?

한 달이면 몇 명이 죽습니까?

그 민족이 하나님을 원망하고 하나님을 배반하고 지도자를 원망하다가 광야에서 멸종당하게 됐습니다. 그때에 모세가 하나님 앞에 엎드려서 눈물로 기도합니다.

"여호와 아버지, 이 백성들을 광야에서 다 죽이시려면 왜 애굽에서 해방시켰습니까?"

눈물로 하나님께 호소했습니다.

백성이 모세에게 이르러 가로되 우리가 여호와와 당신을 향하여 원망하므로 범죄하였사오니 여호와께 기도하여 이 뱀들을 우리에게서 떠나게 하소서 모세가 백성을 위하여 기도하매 (민수기 21:7)

지도자가 참 중요하지요? 지도자의 위치가 그렇게 중요한 것입니다. 지도자는 그렇게 당하고 욕먹고 해도 지도자이기 때문에 모든 분노와 설움을 꾹 참고 백성들을 뒤에 두고 하나님 앞에서 눈물로 기도합니다.

"하나님, 이 백성을 다 죽이시렵니까?"

눈물로 기도했습니다. 그때에 모세의 기도를 들으시고 하나님께서 망할 자리에 처한 민족이 살아 나갈 길을 보여 주셨습니다.

여호와께서 모세에게 이르시되 불뱀을 만들어 장대 위에 달라 물린 자마다 그것을 보면 살리라 모세가 놋뱀을 만들어 장대 위에 다니 뱀에게 물린 자마다 놋뱀을 쳐다본즉 살더라 (민수기 21:8~9)

"구리로 뱀을 만들어라. 장대 끝에 높이 달아라. 백성들이 뱀에 물려 죽게 될 때마다 쳐다보면 살게 될 것이다."

하나님께서 그렇게 지시하셨습니다.

불뱀에 한번 물리면 10초 안으로 죽습니다. 대단히 무서운 뱀입니다. 사막에 사는 짤막한 뱀인데 꼬리를 모래 위에 파묻고 머리만 들고 있다가 어떤 생물이든지 지나가기만 하면 물어 버립니다. 그러면 10초 안에 죽어 버립니다. 얼마나 독한지 모릅니다. 그런 불뱀에 물렸어도 죽기 10초 전에 나무 장대 끝에 달린 구리뱀을 쳐다보면 산다고 말씀하신 것입니다.

모세가 하나님의 명령에 따라서 청동으로 구리뱀을 만들어 나무 장대 끝에 높이 달고 백성들에게 "여러분, 하나님의 말씀입니다. 뱀에게 물린 사람마다 죽기 전에 이 나무 장대 끝에 달린 구리뱀을 쳐다보십시오. 그러면 낫게 됩니다." 하고 선포했습니다.

"그게 어떻게 사람 죽는 데 살릴 수가 있습니까? 쳐다보는 걸로 어떻게 낫습니까? 말도 아닌 소립니다." 하고 믿지 않고 구리뱀을 쳐다보지 않았던 사람은 모두 죽었습니다.

그 말을 믿고 나무 장대 끝에 달린 구리뱀을 쳐다본 사람은 쳐다봤기 때문에 살았습니다. 그러면 나무 장대 끝에 달린 구리뱀이 도대체 무엇이기에 죽을 사람도 살립니까?

요즘도 암이나, 심한 병에 걸려서 죽게 되면 나무에 구리뱀을 달아 놓고 쳐다보면 살아납니까? 지금은 그렇지 않다는 말입니다. 그때는 그것이 왜 됐습니까?

이에 대하여 예수님께서 직접 설명하십니다.

우리의 비전, 장대 끝의 구리뱀

하나님이 세상을 이처럼 사랑하사 독생자를 주셨으니 이는 저를 믿는 자마다 멸망치 않고 영생을 얻게 하려 하심이니라 (요한복음 3:16)

예수님께서 니고데모에게 직접 하신 말씀입니다. 니고데모는 그 당시 국회의원이었습니다. 그런 그가 밤에 예수님을 찾아왔습니다.

"선한 선생님이여, 당신의 하시는 일은 예언자가 하는 일입니다."

그의 말속에는 예수님에 대한 존경이 담겨 있었습니다. 그때 주님께서 대답하십니다.

"사람이 거듭나지 않으면 하나님의 나라를 볼 수 없다."

그러자 니고데모가 "무엇으로 어떻게 거듭납니까?" 하고 물었습니다. 예수님께서 말씀하시기를 "네가 이스라엘 민족의 지도자로서 그 말도 못 알아듣느냐? 불과 성령으로 거듭나지 않으면 하늘나라에 갈 수 없다. 어떻게 성령으로 거듭나느냐? 바람이 어디서 와서 어디로 가는지 모르듯이 알 수 없는 거다." 하셨습니다.

모세가 광야에서 뱀을 든 것같이 인자도 들려야 하리니 이는 저를 믿는 자마다 영생을 얻게 하려 하심이니라 (요한복음 3:14~15)

이 말씀이 무슨 뜻입니까? 모세가 광야에서 나무 장대 끝에 구리뱀을 달았던 사건을 예수님께서 해석하시는 말씀입니다.

"모세가 나무 장대 끝에 달았던 구리뱀, 그와 같이 나 예수, 이스라엘 민족과 세계의 메시아인 나, 인자도 십자가에 달려야 한다. 왜 달려야 하는가? 모든 죽을 수밖에 없는 죄인들이 쳐다보고 나을 수 있도록! 나를 쳐다보고 백성들이 구원받을 수 있도록! 모세가 광야에서 뱀을 들었던 것처럼 나도 나무 십자가에 달려서 죽게 된다."

모세 때는 뱀에 물려 죽게 되었던 백성들이 나무 끝에 달린 구리뱀을 쳐다보고 살았는데 지금은 모세의 시절이 아닙니다. 그러면 지금은 누구를 쳐다보면 살 수 있습니까?

나무 장대가 아닌 나무 십자가 위에 달리신 '예수님을 쳐다봄'으로써 죄와 심판에서 구원받게 된다는, 예수님께서 이루실 자기의 역사를 모세의 구리뱀으로 설명해 주신 것입니다.

그러면 모세의 장대 끝에 달린 구리뱀은 무엇입니까? '십자가에 달리신 예수님을 나타내는 비전'입니다. 죽을 수밖에 없는 백성들에게 살 길을, 절망에 처한 백성들에게 희망을 보여 주는 깃발!

그 십자가의 예수님!

나무 장대 끝의 구리뱀!

그것을 우리는 비전이라고 합니다.

민족과 비전

여러분, 국사를 배워서 잘 아시겠지만, 우리 민족은 긴 5천년 세월 동안 한숨과 서러움의 세월을 살아왔습니다. 일본에게 먹히고 중국에게 밟히고 몽골족의 말발굽 아래 밟히며 강대국의 밥이 되어 왔습니다.

그러나 우리 민족에게 희망이 찾아왔습니다. 100년 전에 복음이 들어온 것입니다. 100년 전에 들어온 이 복음은 우리에게 비전을 제시하여 주었습니다.

우리 교회학교 선생님들과 목사님들이 청소년들에게 한 가지 잘못 가르친 것이 있다면, 죽은 뒤의 구원만 강조하고 구원받은 백성이 이 땅 위에 사는 동안 비전을 가지고 하나님의 역사를 땅에서 이루어 나가는 일에 대하여는 잘 가르치지 않는다는 것입니다. 자꾸 영혼이 '구원받는 것'에 대해서만 가르치고 천국 가는 것만 가르쳤지, 천국 가는 백성들이 천국 가기 전에 이 땅에서 해야 될 일에 대해서는 제대로 가르치지 않았습니다.

그래서 교회의 똑똑한 청년들이 고등학교까지는 학생회 임원 하고 회장 하고 부장 하고 찬양대 하고 열심히 섬기다가도 대학에 들어가서 운동권의 의식화 교육을 접하게 되고는 곧 넘어가 버립니다. 길거리에서 파출소에 화염병을 던지고 경찰관에게 돌을 던지고 길거리에 뛰어다니는 운동권을 보신 적이 있을 겁니다.

여러분, 그 학생들을 나쁘게만 생각하면 안 됩니다. 그들은 나라를 사랑해서 자기를 돌아보지 않고 그렇게 뛰어다니는 것입니다. 문제는 나라를 사랑하는 방향이 잘못되어 있다는 데에 있습니다.

왜 그렇습니까?

비전이 없어서 그렇습니다.

그것이 누구의 책임입니까? 길거리에 뛰어다니면서 데모하는 운동권의 80퍼센트가 교회 고등부를 다녔던 사람들이라는 걸 여러분은 아십니까? 분신자살한 학생들 가운데 열 명 중에 아홉 명은 교회를 다녔던 청년들이라는 겁니다.

1990년에 경원대학교 학생이 분신자살을 했습니다. 그는 교회에서 자란 학생이었습니다. 교회 청년회 임원도 했습니다. 그러던 그가 분신자살을 했습니다. 우리 생각에는 예수님을 구주로 아는 청년이 어떻게 해서 분신자살을 했을까 싶은데 그 해답은 바로 교회에서 바르게 가르쳐 주지 않았던 데에 있습니다.

영혼이 구원받는 얘기나 죽은 뒤의 얘기만 가르쳐주었지, 천국 가기 전에 이 땅의 젊은이로서, 이 땅의 피 끓는 청년으로서, 민족과 역사, 백성과 민중을 위해서 우리가 해야 할 성경적 사명을 제대로 가르쳐 주지 않았기 때문에 세상 이데올로기, 세상 의식화로 그만 넘어가 버리는 것입니다. 얼마나 가슴 아픈 일인지 모릅니다.

심심해서 보기 시작한 성경

저도 열심히 데모하다가 징역을 살아 본 적이 있습니다. 감옥 독방에 앉아서 심심해서 성경을 보게 되었습니다. 저는 믿음이 좋아서 본 게 아니라, 순전히 심심해서 보게 된 것입니다.

감옥에 들어갔던 시절이 박정희 대통령 때였는데, 박정희 대통령이 직접 지시한 것은 아니었겠지만, 어떻게 된 일인지 다른 책은 다 압수해 버리고 성경만 들여보내 주었습니다. 다른 책을 주면 나쁜 사상 만들어 나간다고 생각했던지 성경만 주었습니다. 책이라고는 성경밖에 없었습니다. 그래서 심심해서 성경을 읽었습니다.

한번은 제가 월요일 아침에 창세기 1장에서 시작을 해서 보통 속도로 천천히 읽었더니 토요일 오후에 요한계시록 22장까지 딱

끝을 냈습니다. 엿새 만에 성경 한 권을 다 읽고 저는 회개하기 시작했습니다.

저는 기독교 가정에서 태어나서 어려서부터 신앙생활을 했습니다. 그러나 고등학교 때 고등부 회장을 하고 신학교를 졸업할 때까지 성경을 깊이 있게 읽지 못했습니다. 그냥 교회만 다녔지, 성경 말씀을 깊이 있게 읽지를 못한 것입니다.

엿새 동안 신구약 성경 한 번 읽고 제가 회개하기를 "신학교를 졸업하고 설교하는 사람이 엿새면 한 번 읽는 하나님의 말씀을 1년에 한 번도 안 읽고 설교를 했으니, 내가 참 엉터리구나!" 저는 그래서 반성을 하고는 '그래! 내가 이왕 감옥에 들어왔으니, 이 기회에 성경이나 실컷 읽고 나가야지!' 생각을 하고 마음을 단단히 먹고 성경을 읽기 시작했습니다.

저는 그때 15년 선고를 받았는데, 엿새 동안 한 번 읽고 7일째는 안식을 하며 15년 동안 읽으면 몇 번을 읽나 계산을 다 해 봤습니다. 그리고 성경을 읽기 시작했는데 여섯 번째인가 일곱 번째인가 읽을 때에 갑자기 제 앞에 놓인 성경이 변했습니다. 종이에 활자가 찍힌 무생물이 아니라, 살아 숨 쉬는, 생명이 있는, 살아있는 유기체 말씀으로 변하는 것이었습니다.

그때 저는 살아서 숨 쉬고 말하는 성경 말씀과 대화를 나누었습니다. 저는 눈물을 줄줄 흘리면서 성경을 읽었습니다. 얼마나 감격했는지 모릅니다. 그렇게 성경을 깊이, 은혜 받고 눈물 쏟으며 읽은 뒤에 제 생각은 변하기 시작했습니다. 사고방식이 변하고, 살아가는 태도가 변하고, 말씀 속에서 제 삶에 대한 비전을 얻을 수 있었습니다. '나는 이렇게 살다가 이렇게 죽어야지!' 하는 비전이 생겼습니다. 그래서 저는 지금 매우 행복합니다.

왜 그런 줄 아십니까? 저는 죽을 때까지 이 일을 이렇게 하다가 '예수님 나라' 간다는 확실한 계획을 가지고 살아가기 때문입니다. 그러니깐 살아가는 게 날마다 즐겁고 기쁘고 몸이 가볍습니다. 그래서 하루를 사는 만큼 감사합니다. 하나님께서 저에게 성령으로 주신 비전, 그 꿈, 그 뜻에다가 내 인생을 걸고 산다는 것이 얼마나 감사합니까?

그래서 저는 아주 신바람 나는 삶을 살고 있습니다.

성경은 단순히 읽는 게 아닙니다.

비전으로 한 시대 한 백성을 살린 역사가 있습니다. 바로 그 유명한 다윗과 주변 사람들의 이야기입니다. 비전 있는 사람들의 이야기, 한 젊은이가 뜻을 일으켜서 자기를 따르는 400명의 사람들과 더불어 이스라엘 민족의 위대한 역사를 만든 이야기가 사무엘상 22장에 나옵니다.

그러므로 다윗이 그 곳을 떠나 아둘람 굴로 도망하매 그 형제와 아비의

온 집이 듣고는 그리로 내려가서 그에게 이르렀고 (사무엘상 22:1)

　이 본문에 어려운 조건 속에서 비전으로 뭉친 사람들의 얘기가 나옵니다. 여러분, 아둘람 굴을 알고 있습니까? 우리 학생들은 꼭 아셔야 하는 내용입니다. 교회는 정말 성경에 영감 있는 부분을 제대로 가르쳐주어야 합니다.

　예수님의 열두 제자 이름을 외우는 것, 예루살렘에서 여리고까지 몇 킬로미터 떨어졌는지가 중요한 사항은 아닙니다. 제 아들이 초등학생이었을 때 저보다 더 잘하는 것이 있었습니다. 저는 예수님의 열두 제자 이름을 절반쯤 밖에 모르는데, 아들은 열두 명 다 외웠습니다. 그래서 제가 제 아들에게 이렇게 타일렀습니다.

　"성경은 그렇게 공부하는 게 아니야. 예수님의 열두 제자 이름 아는 게 성경을 읽는 게 아니야."

　"아빠, 그럼 어떻게 읽어야 해?"

　"말씀 속에서 가슴이 뜨거워지고 인격이 변화가 되고 '좋다! 내가 이렇게 살아야지!' 하고 주먹을 불끈 움켜쥐고 그렇게 성경을 읽어야 하는 거야. 머리로 외우는 게 아니야."

화려한 기도원보다 초라한(?) 장학금이 좋다

　그 아둘람 굴. 다윗이 사울 왕을 피해서 숨다가 숨다가 국경 지대의 아주 험한 땅에 가서 숨었습니다. 그 다윗이 숨었던 땅이 아둘람 굴입니다. 다윗이 아둘람 굴에 숨어 있다는 말을 듣고 사람들이 모여들기 시작했습니다.

> 환난당한 모든 자와 빚진 자와 마음이 원통한 자가 다 그에게로 모였고 그는 그 장관이 되었는데 그와 함께한 자가 사백 명 가량이었더라
>
> (사무엘상 22:2)

여러분, 혹시 자기가 다니는 교회의 교인 수를 자랑하는 마음이 있습니까? 숫자가 많다고 자랑하는 것은 부끄러운 일입니다. 그런 사람들은 어리석은 사람들입니다. 왜 그런 줄 아십니까? 신앙의 세계는 본질의 세계요. 질(質)의 세계입니다. 질, 영어로 'quality'입니다.

영(靈)의 세계는 본질의 세계이며 인간 영혼의 깊고 깊은 세계입니다. 숫자를 가지고 자랑하는 것은 자본주의 생각이 배어 있기 때문입니다. 그것은 세상적인 생각입니다. 숫자 많다고 자랑할 일은 못 됩니다.

그러면 우리는 무엇을 자랑해야 합니까? 비전이 있는 것을 자랑해야 합니다. 시대를 향한 뜻이 있는 것을 자랑해야 합니다.

여러분, 교인이 50명이라도 나라를 움직일 뜻이 있는 사람들이 모이면 그것이 큰 교회입니다. 숫자가 많아야 큰 교회라는 생각은

하지 마십시오. 그런 생각을 하면 스스로 어리석어지는 것입니다. 건물 좋다고 큰 교회가 아닙니다. 건물은 변할 수 있습니다.

옛날에 북한에 교회들을 많이 지었는데, 지금은 교인들을 가두는 감옥이나 공산당 유치원으로 변했습니다. 역사를 움직이는 비전 있는 신앙이 없이 건물만 잘 지어 봐야 무슨 소용이 있겠습니까?

걱정되는 것이 한 가지 있다면, 요즘 우리 서울 교회들의 유행에 관한 점입니다. 여러분은 잘 모르시겠지만 큰 교회들이 저 산골짜기에 수십억 원을 들여서 기도원을 짓습니다. 저는 얼마나 염려스러운지 모릅니다.

여러분, 기도원이 무엇입니까? 예수님께서도 습관을 따라 새벽 미명에 산에 가셔서 기도하셨습니다. 에어컨 시설 잘 된 수십억 원 들여 지은 기도원에 가셔서 기도하셨습니까? 예수님은 바위 위에 앉아서 나무 밑에서 무릎 꿇고 이슬 맞으면서 기도하셨습니다.

그런데 요즘 교인들은 산골짜기에 수십억 원 들여 가지고 기도원을 잘 세웁니다. 여름엔 냉방장치, 겨울엔 난방장치, 아주 기막힌 집을 지어 놓고 산에 가서 기도합니다. 참 어리석은 짓입니다.

성경은 그렇게 말하고 있지 않습니다. 그 돈을 어디에다 써야 합니까?

백성들에게 희망을 주는, 십자가에 죽으신 예수님을 쳐다보자!

그래야만 우리 민족이 살 길이 열린다!

이것을 알려 주고 비전 있는 젊은이들을 키워 내는 데 돈을 투자해야 합니다.

제가 시무하던 활빈교회는 조그마한 농촌 교회였지만, 1995년에 신학생을 포함하여 각 전공 분야별로 82명의 학생에게 장학금을 주었습니다. 당시 우리나라 장학금 가운데서 그 액수가 가장 많았습니다. 한 달에 한 사람당 30만 원씩 주었습니다. 게다가 외국에 20명을 유학 보내서 한 달에 1,000달러씩 장학금을 주었습니다. 그렇게 해마다 장학생을 선발하였습니다.

왜 그렇게 했겠습니까? '사람을 키우는 일'이 가장 우선이기 때문입니다. 사람을 키워 놓으면 예배당은 열 개도 백 개도 짓습니다. 그렇지 않습니까? 집 짓는 것은 교회의 일이 아닙니다. 산골짜기에 수십억 원 들여서 집 짓는 사람들은 회개해야 합니다.

헌금은 그렇게 사용해서는 안 됩니다. 콩나물 장사해서 십일조 헌금 내는 사람도 있습니다. 기업을 경영하는 사장님들이 얼마나 어려운지 아십니까? 부도 안 내려고 밤새워 고민하고 뼈를 깎는 것같이 고생하며 사업을 해서는 그걸 이익금을 남겨서 교회에 감사헌금을 냅니다. 그렇게 어렵게 벌어서 바친 돈을 가지고 산골짜기에 수십억 원 들여서 집을 짓습니다. 외국에서 들여온 대리석을 가지고 교회 앞에다 깝니다.

교회가 너무 '비본질적'인 곳에다 돈을 씁니다. 그것은 예수님께서 교회를 통해서 우리 민족을 구원하려는 복음 전선에 구멍을 뚫는 일입니다. 얼마나 애석한 일입니까?

성취된 다윗 왕국

아둘람 굴에 모인 사람들은 그렇게 하지 않습니다. 다윗이 아둘람 굴에 있다는 말을 듣고 사람들이 모여들기 시작했습니다.

"환난 당한 모든 자, 빚진 자와 마음이 원통한 자가 다 그에게로 모였고"

교회에 어떤 사람들이 모였다고 그랬습니까? 환난 당한 자, 빚진 자, 마음이 원통한 자…. 그런 사람들이 모였다고 했습니다. 그런 사람들이 모여서 다윗은 우두머리가 됐습니다. 모두 400명이었습니다. 그 400명이 위대한 다윗 왕국을 이루어 내는 일등 공신들이 되었습니다.

쫓기고 원통한 일 당한 사람들 중에서 군대 장관이 나오고 대제사장이 나왔습니다. 다윗의 충신들과 하나님께서 허락하신 왕국을 이룬 일꾼들은 다 그 속에서 배출되었습니다.

여러분 나이쯤 되면 좀 달라져야 되지 않겠습니까?

"우리 교회를 아둘람 굴로 만들자. 우리 중에서 앞으로 20년 뒤에 다윗 왕국처럼 국무총리도, 장관도, 총장도, 통일 한국의 대통령도 길러 내보자."

이러한 뱃심을 가져야 합니다. 그런 꿈을 가지고 기도를 해야지, 그런 꿈이 없이 어영부영 살아가면 교회는 있으나마나 아닙니까? 그런 비전과 내일에 대한 뜻을 가진 교회라야 그 교회에서 인재가 나오는 것입니다. 여러분의 교회는 아둘람 굴과 같은 그런 뜻을 가진 교회, 그런 고등부, 청년부가 되어야 합니다.

한자리 깐 목사와 집사

아둘람 굴에 모인 사람들은 대단히 어려운 처지에 있었습니다. 그들은 고생하고 상처 받고 세상에 쫓긴 사람들이었습니다. 너무 마음에 상처를 많이 받았기 때문에 다른 사람에게도 상처를 줍니다. 그런 사람들은 한 덩어리가 되기가 아주 어렵습니다. 고생한 사람일수록 다른 사람에게 상처를 잘 줍니다.

제가 왜 그걸 잘 아는가 하면 제가 시무하던 활빈교회가 그런 교인들이 많이 모인 곳이었기 때문입니다. 옛날에 깡패 대장 하던 사람, 제가 감옥에서 전도한 사람, 그런 양반들이 활빈교회 집사들이고 일꾼들이었습니다. 그런 사람들은 성질이 대단합니다.

한번은 제직회를 하는데 남자 집사님들이 소리를 지르며 "주먹으로 하자!" 하며 치고받으려고 그래요. 교회에서 회의를 하다가 주먹으로 해결하려고 하는 겁니다.

저는 가만히 앉아 있었습니다. 말리면 더하거든요. 가만히 놔둬야 합니다. 그랬더니 제풀에 죽어서 "목사님, 왜 안 말립니까? 말려야 그만두지요." 하지 않겠어요. 그래 제가 "말리면 더하려고?" 하고 말했지요. 1년에 한두 번씩 그래야 제 정신이 드는 사람들이니까 내년까지는 괜찮겠지, 그렇게 생각하며 다시 회의를 시작했습니다.

회의를 시작하면서 "우리 교회 집사님들은 참 개성적이여." 그랬더니 "목사님, 그게 무슨 말씀입니까? 좋은 말 아닌 것 같은데요? 한자리 깔고 말씀하시는 거 아닙니까? 뭔 말입니까?" 하고 묻기에 "한자리 깔았지. 개떡 같은 성질이란 말이야." 했더니, "그래요? 우리 보고 개성적이라고 그러면 목사님은 지성적이네요." 하고 받습니다. "그것도 한자리 깔았네. 그건 무슨 소리요?" 그랬더니 "지랄 같은 성질이란 말입니다." 해서 "그거 괜찮네? 목사는 지성적이고 집사들은 개성적이면 개성과 지성을 자랑하는 교회구먼?" 하고 모두들 웃었답니다.

개성과 지성을 가진 사람들의 다섯 가지 습관

아둘람 굴에 모인 사람들이야말로 개성과 지성을 겸한 사람들이라 하겠습니다. 그들은 쫓기고 원통한 일을 당하고 낙오자가 된 사람들이었습니다.

그런 사람 400명을 모아 놓고 다윗이 어떻게 위대한 왕국을 만들 수 있었습니까? 그 사람들도 다윗 왕국을 이루었는데 하물며 그 사람들보다 인격도 실력도 집안도 모든 여건이 더 나은 여러분들은 어떻겠습니까?

그 사람들은 기존 체제에서 발붙이지 못하고 쫓겨난 사람들입니다. 그런 사람들도 그렇게 큰일을 했는데 여러분이 그 일을 못한다면 여러분은 게으른 겁니다. 다른 이유는 있을 수 없습니다. 여러분은 그 사람들보다 훨씬 더 조건이 좋은데 왜 못합니까?

그것은 비전에 인생을 거는 신앙과 희생과 결단이 없기 때문입니다. 그리고 목사님과 선생님들과 교회가 여러분에게 비전과 꿈을 주며, 예언자가 되게 하고 가슴에 뜨겁게 불붙이는 일을 하지 못해서 그렇다고도 말할 수 있습니다. 그러나 무엇보다도, 그 근본 책임은 '여러분 각자 자신에게 있다'는 점을 자각해야 합니다.

여러분, 구약성경에 나오는 영적인 사람 느헤미야를 아십니까? 느헤미야는 조국의 슬픈 역사를 눈앞에 두고 다섯 가지 행동을 했습니다.

첫째는 기도입니다. 울며 금식하며 기도했습니다.

둘째는 자기 회개입니다. 자기 죄부터 회개했습니다.

셋째는 신앙고백을 분명히 했습니다.

넷째는 헌신입니다.

다섯째는 준비입니다. 목숨 걸고 준비했을 때 하나님께서 허락하셔서 드디어 때가 되자, 이스라엘 역사를 새롭게 한 것입니다.

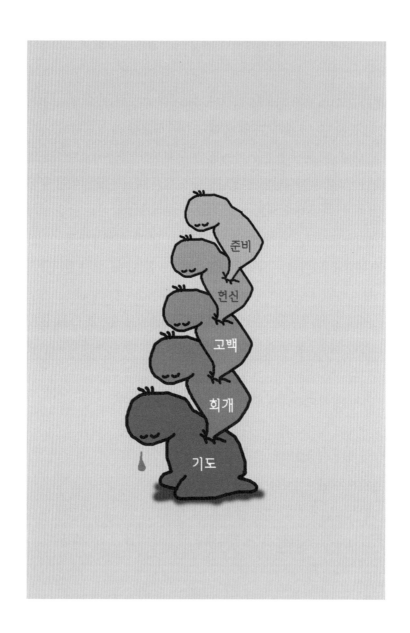

하나님 사람들의 마음가짐

다윗과 그 모인 무리 400명이 최악의 조건 속에서 어떻게 그렇게 위대한 일을 할 수 있었습니까? 그 대답이 시편 57편에 있습니다. 시편 57편을 쓰게 된 이유가 작은 괄호에 적혀 있습니다.

"다윗의 믹담 시, 영장으로 알다스헷에 맞춘 노래, 다윗이 사울을 피하여 굴에 있던 때에"

여기서 그 '굴'이 무슨 굴이겠습니까? 바로 아둘람 굴입니다. 다윗과 그의 무리 400명이 아둘람 굴에 모여서 그때 어떤 고백을 했으며, 무슨 꿈을 가졌으며, 어떤 기도를 했겠습니까?

그들이 아둘람 굴에서 시작해서 위대한 다윗 왕국을 이룰 수 있었던 영적인, 정신적인 내용이 시편 57편에 들어있습니다. 우리는 57편에서 네 가지를 찾아서 이해해야 합니다.

먼저 그 첫 번째입니다.

하나님이여 나를 긍휼히 여기시고 나를 긍휼히 여기소서 내 영혼이
주께로 피하되 주의 날개 그늘 아래서 이 재앙이 지나기까지 피하리
이다 (시편 57:1)

내 영혼이 어디로 피한다고 말씀합니까?

여호와의 날개 그늘 아래 피한다고 했습니다.

이런 고백이 바로 영적인 사람의 바탕입니다. 아둘람 굴은 마실 물도 없고 양식도 없고 사울 군대에 잡히면 그날로 집단 처형 되는 그야말로 파리 목숨과 같은 위기의 자리입니다. 그런 참에 400명은 숨죽이며 살아가느라고 얼마나 답답하고 신경질 나고, 서로 다툴 일밖에 더 생겼겠습니까? 그런데 그 사람들이 어떻게 그런 위대한 일에 쓰임 받을 수 있었겠습니까?

그 사람들은 철두철미한 '하나님 중심의 신앙'을 가졌습니다. 그 어려운 처지 속에서도 신세타령 하거나 불평하지 않았습니다. 누구의 보호 가운데 있음을 알았습니까? 성경에서 그들은 여호와의 날개 그늘 아래에서 보호받고 있음을 고백하고 있습니다. 여러분 중에 부모님을 원망하는 분 있습니까? 우리 엄마는 내가 시험공부 하는데 뒷바라지도 잘 못해 준다고 철없이 불평하는 분 있습니까? 그것은 어리석은 소리입니다.

아둘람 굴에 모였던 사람들은 최악의 조건 속에서도 여호와의 날개 그늘 아래 피신해 있음을 감사했습니다. 이것이 하나님이 쓰시는 사람의 첫 번째 마음입니다.

내가 지극히 높으신 하나님께 부르짖음이여 곧 나를 위하여 모든 것을 이루시는 하나님께로다 (시편 57:2)

여러분 다윗과 거기 모인 무리 400명은 얼마나 사람들에게 원망할 일이 많았겠습니까? 이를 갈면서 원수를 갚아야지 그냥 두는가 보자고 했을 만도 한데, 그들은 사람과 상대하지 않았습니다. 하나님과만 상대했습니다. 사람들이 자기에게 어떤 짓을 했어도 관계하지 않았습니다.

어떻게 그럴 수 있었습니까? 사람들이 뭐라고 해도 하나님께서는 우리를 통해서 이 시대에 하나님의 일을 이루신다고 믿었습니다. '하나님이 우리를 통해서 이 백성들에게 하나님의 일을 이루신다'는 확실한 신앙에 서있었습니다. 하나님만 상대했습니다. 이것이 두 번째 마음입니다.

비전이 있는 사람은 가볍게 움직이지 않습니다. 남을 원망하지 않습니다. 또 사람에게 메이지 않습니다. 하나님만 상대하는 것입니다. 그래서 우리 두레마을에는 무소속의 원칙이 있습니다.

첫째는 무소유입니다. 예수님의 것만 가진다. 모든 물질은 가난한 사람을 돕는 데만 쓴다. 무소유입니다.

둘째는 예수님께만 속한다. 무소속입니다.

셋째는 무저항입니다. 세상의 악과 악한 무리에 대해서 선한 삶으로 보여 주는 것이지, 세상의 수단과 방법으로 대결하지 않는다. 무저항의 원칙입니다. 그들은 자기들을 그렇게 못살게 구는 사람들을 원망하지 않았습니다. 하나님만 의지하고, 하나님께만 속했습니다.

비전 있는 일꾼

주여 내가 만민 중에서 주께 감사하오며 열방 중에서 주를 찬송하리
이다 (시편 57:9)

그들은 감사와 찬송의 삶을 살았습니다. 이것이 세 번째 내용입
니다. 어떻게 그들은 그럴 수 있었습니까? 짜증 내고 불평하고 이
를 갈 만한 그런 상황에서 감사하고 찬송했습니다. 그 비결이 무
엇입니까?

하나님이여 내 마음이 확정되었고 내 마음이 확정되었사오니 내가
노래하고 내가 찬송하리이다 내 영광아 깰찌어다 비파야, 수금아, 깰
찌어다 내가 새벽을 깨우리로다 (시편 57:7~8)

이 말씀이 그 비결입니다.
"내가 새벽을 깨우리로다"
가장 나쁜 아둘람 굴 밑바닥에서 가장 위대한 일을 이룰 수 있
었던 핵심이 바로 이 말씀입니다. 그들은 비전을 가졌기 때문에 자
기들의 상황과 신분을 극복했습니다. 개인 개인의 슬픈 과거의 상
처들이 치료되었습니다. 개인 개인의 약점들을 함께 비전을 키움
으로써 극복했습니다. 한 사람 한 사람 상처 받은 약한 영혼들이

하나님께서 주시는
비전과 하나 되어야 합니다.

비전 있는 일꾼들과
통해야 합니다.

었고 낙오자들이었지만 그들은 함께 모였고 하나님께서 주시는 그 시대의 비전을 키웠습니다.

무슨 비전입니까? 이스라엘 역사상 어두운 시대를 살면서 우리가 이 민족의 새벽을 깨우자, 하는 비전을 가졌습니다. 그것이 그들의 비전이었습니다. 어두운 절망적인 시절에 새벽의 빛을 보여 주는 것, 그것을 비전이라고 합니다. 하나님께서는 그런 비전 있는 일꾼들을 하나로 모으셔서 하나님의 일을 그 시대에 펼쳐 나가십니다. 바로 청소년 여러분이 그런 도전을 하는 사람들이 되어야 하지 않겠습니까?

여러분은 지금 무엇을 꿈꾸십니까? 여러분은 모여 가지고 만날 친목하고 놀고 사진 찍고 하는 일에 시간을 낭비하진 않습니까? 여러분은 부끄러워해야 합니다. 그런 남녀 청년들은 교회 아니더라도 골목마다 학교마다 꽉 찼습니다. 하나님을 섬기는 여러분은 달라도 뭔가 달라야 하지 않겠습니까? 뭐가 달라야 합니까? 자신만 잘 먹고 편하게 웃고 사는 안일함을 넘어서야 합니다.

"우리 시대에 복음의 빛으로 새벽을 깨우겠다! 어두움의 쇠사슬을 끊어 버리고 한반도에 새벽의 역사, 복음의 역사, 하나님의 역사를 일으켜서 온 세계로부터 존경받는 코리아를 일으키겠다!"

이런 꿈과 비전이 우리에게 있어야 합니다. 그런 꿈을 뱃속에 담고 고등학교를 졸업하고 그 다음에 청년부로 대학부로 가야 합니다. 머리가 텅 비어가지고 웃으며 떠들다가 끝내 버리면 무슨 의미가 있겠습니까? 그런 청년들이 모인 교회는 예배당이란 의미가 없습니다. 그런 교회는 하나님께서 쓰실 수가 없습니다.

아둘람 굴에 모였던 사람들처럼 '이 시대에 우리가 목숨 걸고 새벽을 깨우겠다'는 뜻과 비전을 가진 그런 젊은 청년들을 하나님께서는 지금도 찾고 계십니다.

'새벽을 깨우리로다'의 사연

저는 이 말씀이 너무도 소중해서 처음 쓴 책의 제목으로 삼았습니다. 제 책 『새벽을 깨우리로다』는 초판만 100쇄를 찍었습니다. 일본어판(1982년)은 이미 나왔고, 영문판(1991년)도 번역이 되었습니다. 러시아어판(1992년)도 출간되었습니다. 그렇게 많은 사람들이 읽습니다. 책 제목을 『새벽을 깨우리로다』로 붙이게 된 데엔 이유가 있습니다. 제가 남양만으로 청계천 철거민들을 데리고 가기 전 일입니다.

서울 빈민 판자촌에서 선교할 때에 남편이 공사장에서 일하다가 사망한 과부 아주머님이 계셨습니다. 자녀는 네 명이었습니다. 막내아들 이름이 훈이었는데, 남편을 잃은 훈이 엄마는 워커힐 부근에 있는 비닐하우스에 가서 시금치 밭을 매 주고 살아갔습니다.

그런데 자궁에 혹이 생겼습니다. 이화여대 부속병원 산부인과에 가서 진찰을 했더니 의사 선생님이 저를 불러서는 심각하게 "당신 부인이오? 어떻게 그렇게 혹이 크도록 그냥 뒀소? 까딱하면 생명이 위독합니다." 그래서 "저는 교회의 교역자이고, 저분은 제 처가 아니고 저희 마을 주민입니다. 상태가 어떻습니까?" 물으니 "암이 아니라 다행이오. 암이면 큰일 나지만, 혹이라는 것은 수술만 하면 완치되니깐 빨리 수술하시오." 합니다.

수술비는 우리에게 큰돈이었습니다. 우리 교회에서는 그 다음 주일날 예배 시간에 통성기도를 했습니다.

"예수님, 훈이 엄마 수술 길을 열어 주시옵소서."

그런데 기도 응답 받기도 전에 훈이 엄마는 애들을 데리고 먹고 살 것이 없으니까 또 밭을 매러 나갔다가 거품을 품고 까무러쳤습니다. 자궁에 혹이 있는 사람이 엎드려 밭을 매니 어떻게 되겠습니까? 거품을 품고 졸도하니까 같이 밭 매던 아주머님들이 놀라서 교회로 데려왔습니다.

저는 청년들하고 넝마주이를 하다가 그 얘기를 듣고 깜짝 놀라서 청년들 주머니를 다 털어 차비를 만들었습니다. 주머니에 넣고 달려가선 택시에 훈이 엄마를 태워서 을지로 6가에 있는 중앙의료원(현재 국립의료원)에 갔습니다. 정부가 하는 병원이니까 돈이 없어도 치료해 주겠거니, 하고 응급실에 데려갔더니 의사 선생님이 "24시간 내에 수술 안 하면 생명이 위독하겠습니다. 빨리 입원 수속하십시오." 그러고는 원무과로 가라고 했습니다.

원무과에 갔더니 입원 보증금을 먼저 내라고 합니다. 제 주머니에 있는 돈을 다 털어서 앞에 놓고 "제가 가진 것이 이것이 다 입니다. 우리 동네는 지금 가도 갑자기 돈을 구할 수 없는 동네입니다. 제가 매달 얼마씩 끊어서 갚을 테니까 환자 좀 살려 주십시오." 그랬더니 원무과 사람이 "이 어른이 병원이 월부 장사인 줄 아나? 무슨 병원에 월부로 돈을 내요? 안 돼요." 하고는 거절했습니다.

"이 아줌마 잘못되면 고아가 네 명이 나옵니다. 나라에서 하는 병원 아닙니까?"

"우리 병원은 자선 병원이 아니오!" 하고 내쫓았습니다.

얼마나 속이 타던지요. 사정사정을 하는데 돌아보지도 않고 자기 일만 하는 겁니다. 제가 얼마나 속이 답답했던지 나중에는 화가 치밀어서 욕을 냅다 했습니다. 넝마주이 청년들 데리고 일하면서 얼마나 성격이 거칠어지고 욕을 잘 했겠습니까? 징역 살면서 얼마나 욕을 많이 배웠겠습니까?

"이놈의 새끼들! 돈독 올라서 뒈져라, 이놈의 새끼들아! 돈, 돈, 밝히다가 자손 대대로 돈다발에 깔려 숨 거둬 버려라, 이놈의 새끼들아!" 하고 욕을 하고는 "두고 보자!" 하고 돌아섰습니다.

두고 봤자 별 수 있겠습니까? 그러고는 택시를 타고 신촌 세브란스 병원에 데려갔습니다. 연세대학교 부속병원에 택시 타고 가면서 이런 생각을 했습니다.

'그래도 선교사들이 선교한다고 세운 병원이니, 좀 낫겠지.'

원무과에 가서 사정을 했습니다. "중앙의료원(국립의료원)에 갔다가 입원 보증금이 없어서 쫓겨 왔습니다. 제가 성경에 손을 얹고 서약합니다. 제가 매달 갚을 테니까 사람 좀 살려 주십시오." 그랬더니 "성경에 손 얹고는 교역자라고 꼭 갚겠다고 해서 고쳐 놓으면 배짱 내밀고 도망가 버리며 날 잡아먹어라 해요. 그러니 어디 교역자 믿겠어요?" 하며 거절했습니다. 안 된다는 소리였습니다. 사정하는데 환자의 숨결이 가빠져서 다시 업고 나왔습니다.

서울대학교 부속병원을 거쳐서 이화여대 부속병원. 그렇게 네 군데 병원을 돌았는데 오후 여섯 시가 지났습니다. 있던 돈 다 털어 택시비로 써 버리고, 점심도 굶고 하루 종일 병원 찾아 헤매다가 시간만 지나가 버렸습니다. 환자도 점심 굶고 저도 굶었습니다.

동대문 로터리에서 환자를 놓고 어떻게 할까 하다가 '시간도 넘었으니 동네에 들어가서 밤에 기도하고 내일 딴 병원 가 봐야지.' 마음먹고 동네로 들어가려는데 버스마다 꽉꽉 차서 환자를 업고 탈 수가 없었습니다. 할 수 없이 환자를 업고 동대문 로터리에서 한양대학교 뒤편 판자촌으로 천천히 걸어갔습니다. 배는 고프고 피곤하고 얼마나 낙심이 되는지요.

시체를 등에 지고

천천히 걸어가는데 이 환자가 잠이 들었는지 뒤로 젖혀지기 시작했습니다. 환자가 뒤로 젖혀지니까 제가 앞으로 나아가지를 못하고 물러서곤 했습니다.

그래서 힘들어서 "훈이 엄마, 잠들었습니까? 등에 좀 붙으세요. 뒤로 젖히면 제가 넘어지잖아요. 등에 딱 붙으세요. 저를 꼭 안으세요. 부끄러울 거 뭐 있습니까?" 등에 붙여 놓고 얼마 안 가서 또 옆으로 척, 젖혀집니다. 옆으로 젖혀지니까 제가 옆으로 쓰러지려고 합니다. "아니, 자가용 탄 거요? 당나귀 탄 거요? 도대체 왜 이래요? 등에 딱 붙으소! 아파도 사람이 염치가 있어야지, 내가 서방이요? 부모요? 미치고 환장하겠네." 하고 짜증을 냈습니다.

얼마나 화가 나는지 한양대학교 가는 중간에 있는 성동소방서 마당 콘크리트 바닥에 가서 그냥 떨어뜨려 버렸습니다. "제기랄, 내가 뭔 짓이여! 사람이 아파도 좀 싸가지가 있어야지! 남의 등에서 호사하나? 누굴 종으로 부려먹나?" 그러고는 뒤로 깍지 끼고 있던 손을 풀어 버리자, 쿵 하고 떨어졌습니다.

바닥에 쿵, 하고 떨어지는 소리만 듣고 돌아보지 않고 손을 만지면서 "에이, 그거 못해 먹겠네, 참말로 미치겠구먼." 하고 투덜거렸습니다. 한참 그러고 있으려니까 이상했습니다. 땅바닥에 떨어진 사람이 도무지 움직이지 않았습니다. "어?" 하며 이상해서 보니깐 죽어 있는 것이었습니다.

훈이 엄마가 내 등에서 죽은 것을 알게 되었을 때에 앞이 캄캄했습니다. 죽은 것도 모르고 불평을 하며 땅바닥에 떨어뜨렸으니 얼마나 아찔했겠습니까? 그때 앞이 캄캄해서 나온 첫마디 말이,

"이놈의 세상은 콱 망해버려야 돼. 이놈의 세상, 확 불을 처질러 버려야 돼!"

얼마나 속에서 분노가 끓어올랐겠습니까? 저는 기독교 가정에서 태어났기에 어릴 적부터 철저한 반공주의자라고 생각했습니다. 그런데 그날은 반공이라는 것은 사라져 버렸습니다.

"이런 놈의 세상은 뒤집어야 돼! 이런 놈의 세상은 밑부터 뒤집어야 되는데, 내가 뒤집을 힘이 없으니 김일성이라도 와서 뒤집어 줘야 돼."

이런 말을 제 입으로 했습니다. 시체 옆에 무릎을 꿇고 앉아서 훈이 엄마 얼굴을 쓰다듬으면서 통곡을 했습니다.

"왜 죽습니까? 살아야 한을 풀지. 애들 데리고 옛말하고 살려면 살아남아야지, 죽어 버리면 어떻게 합니까? 죽어 버리면 아무것도 되는 게 없는데, 어째 힘없는 내 등에서 말 한마디 없이 죽소."

얼마나 통곡을 했는지 모릅니다. 주먹을 쥐고 시멘트 바닥을 내려치다가 손등이 터져서 피가 흐르는데 그것도 몰랐습니다. 그 손으로 눈물을 닦아 손등이고 얼굴이고 피범벅이 되었습니다. 혼자서 울다가 얼굴을 쓰다듬다가 일어서서는 하늘에 대고 삿대질을 해 가면서 예수님에게 항의를 했습니다.

"예수 필요 없어! 무슨 구주가 그래? 나를 빈민촌에 들여보냈으면 도와줘야지. 나를 밀어 줘야지! 빈민촌에 들여보내 놓고 집집마다 환자이고 사흘마다 장례식인데, 힘없는 훈이 엄마 내 등에서 죽도록 가만히 보고만 있는 예수, 무슨 구주가 그래? 그렇게 무책임하고 무기력하고 의리도 없는 예수를 내가 어떻게 평생 섬겨? 그런 구주고 예배당이고 집어치우고 내 이놈의 세상, 뒤집어 버린다!"

그런 결심을 했습니다.

시체를 업고 갈 수도 없고 땅에 굴릴 수도 없고. 할 수 없어서 옷자락을 끌고 갔습니다. 업고 가기에는 너무 지치고, 길가에 둘 수도 없고, 옷자락을 끌고 가기는 미안해 안고 가다가 끌고 가다가 한양대학교를 지나 성동교 다리 중간쯤 가서는 지쳐서 주저앉아 버렸습니다. 시체를 난간에 기대 놓고 기진맥진해서 그 옆에 가만히 앉아 있었습니다. 귓속에서 윙 하는 소리가 나고 눈앞에는 불덩어리 같은 게 왔다 갔다 해서 넋을 잃고 앉아 있었습니다.

시간이 얼마나 지났을까, 영혼 깊은 곳에서 성령님의 음성을 들었습니다.

"진홍아, 네 등에서 죽은 그 여자가 누군지 아느냐? 십자가에서 죽은 나 예수니라."

제 등에서 죽은 그 여인이 십자가에서 죽으신 예수님이라고 말씀하시는 것이었습니다. 예수님께서 제 등에서 힘없이 말 한마디 못 하시고 돌아가신 것입니다.

"너는 그 여자가 네 등에서 죽은 것이 그렇게 원통하고 분하느냐? 어제도 오늘도 수많은 백성들이 절망과 탄식과 눈물 속에 죽어갈 때마다 나는 십자가에서 다시 죽는다. 내가 몸 바쳐 피 흘려 그런 백성을 돌보라고 한국 땅에 교회를 세웠는데, 너희는 내 이름으로 구원을 받아서 너희끼리만 아멘 아멘 했지, 피 흘려 죽은 그 백성들을 위해서 아무것도 하지 않는구나!"

예수님께서 탄식하셨습니다. 정신이 번쩍 들어 일어나서는 시체 옆에 단정히 무릎을 꿇고 절을 했습니다.

"예수님, 제가 잘못 생각했습니다. 제가 큰일 날 생각을 했습니다."

그러고는 시체의 손에 입을 맞췄습니다. 그리고 일어나 가로등 불빛 밑에서 성경을 펴서 시편 57편 7~8절을 읽었습니다.

하나님이여 내 마음이 확정되었고 내 마음이 확정되었사오니 내가 노래하고 내가 찬송하리이다 내 영광아 깰찌어다 비파야, 수금아, 깰찌어다 내가 새벽을 깨우리로다 (시편 57:7~8)

제 사명이 정해졌습니다. 그날 저는 이 말씀을 비전으로 받아들였습니다. 저는 그때 이 말씀을 저의 비전으로 정한 것입니다.

"비파야, 수금아, 노래하라 내가 새벽을 깨우리로다."

다윗과 그 모인 무리 400명은 아둘람 굴에서 한 많은 설움과 눈물을 하나님이 주신 비전 속에서 승화시켰습니다. 그냥 두면 산적같이 낙오자가 될 수밖에 없는 그런 사람들이 하나님 안에서 비전을 가지고 뭉쳐 일어섰습니다. 어두운 이스라엘 민족의 역사 속에 새벽을 깨우는 일꾼으로 변화됐습니다.

그들은 헌신했습니다. 그래서 다윗 왕국을 일으켰습니다.

여러분의 비전이 온 세계에

여러분, 왜 여러분은 교회에 모입니까? 여러분, 이 시대에 이 땅에 새벽을 깨우는, 비전을 함께 꿈꾸고 함께 헌신하는 하나님의 아들딸이 될 수 있기를 바랍니다.

여러분들이 있기 때문에 한국이, 아시아가 변화될 수 있어야 합니다. 여러분이 있기 때문에 한국의 기독교 신앙인이 온 세계에 퍼질 수 있어야 하는 것입니다.

여러분, 좋은 대학에 합격하면 무엇합니까? 좋은 대학 나와 좋은 직장에 가서 혼자 잘 먹고 잘 사는 것으로 여러분의 삶을 끝낼 겁니까? 있을 수 없는 일입니다.

예수님의 아들딸은 그렇게 살 수 없습니다. 자기의 헌신과 희생과 눈물을 바치는 삶을 통하여, 복음으로 이 땅의 새벽을 깨우는 일에 여러분이 나서야 하는 것입니다.

저는 그 시체를 품에 안고 동네에 들어갔습니다. 밤새워서 깨끗하게 물수건으로 몸을 닦고 흰 옷을 만들어 입히고, 그 다음날 아이들 네 명을 데리고 같이 밭을 매던 아줌마들과 서울 시립 화장

진정한 비전을 위하여….

"천국에 들어가려면 두 가지 질문에 답해야 한다!"

터에 갔습니다. 벽제 화장터에서 화장을 하고 잿봉지를 만들어서 아이들과 아줌마들과 한강다리에 섰습니다. 한강물에 재를 뿌리면서 찬송을 불렀습니다.

"날빛보다 더 밝은 천당 믿는 맘 가지고 보겠네…."

찬송을 부르고는 "훈이 엄마, 이 길로 천국으로 그대로 가십시오. 이 땅에서는 울어 보지도 못하고 죽었는데 천국 가서 예수님 옷자락 붙들고 실컷 우십시오. 애들은 아무 걱정 마십시오. 우리 교회가 애들 잘 기르다가 천국까지 같이 갈 테니까 천국 가서 만납시다. 예수님의 나라 가서 안식하는 세월을 같이 누립시다." 하고 기도했습니다.

"예수님, 이 땅 위에 다시는 이런 슬픈 일이 없는 역사를 만드는 일에 우리 한국 교회가 앞장서게 해 주시옵소서. 이 땅 위에 다시 이런 고통스러운 역사가 일어나지 않게 복음으로, 예수님의 사랑으로, 진리의 신앙으로 이 땅에 새벽을 깨우는 일에 한국 교회를 써 주시옵소서." 하고 기도했습니다.

여러분과 여러분의 교회가 그런 사명을 감당하는 선두에 서야 되지 않겠습니까? 바로 젊은 청소년 여러분이, 학생들이 그를 위해 헌신하는 일꾼들이 되기를 바랍니다. 그렇게 비전 있는 교회, 비전 있는 신앙, 비전 있는 젊은이들이 되어서 하나님의 역사를 일구어 나가는 멋진 여러분들이 되시기를 바랍니다.

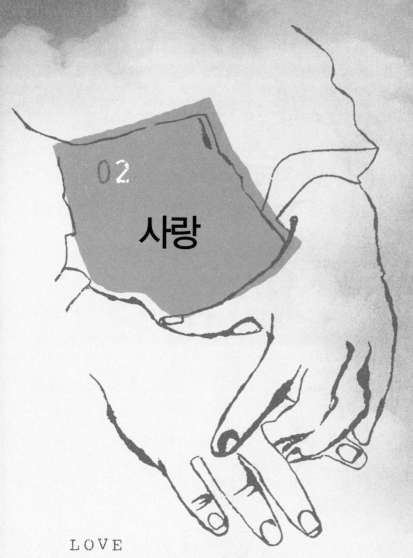

02

사랑

LOVE

누구든지 하나님을 사랑하노라 하고 그 형제를 미워하면 이는 거짓말하는 자니 보는 바 그 형

제를 사랑치 아니하는 자가 보지 못하는 바 하나님을 사랑할 수가 없느니라 (요한일서 4:20)

비난
책망
질타
경멸
·
·
·
·
·

칭찬
인정
격려
용서
·
·
·
·
·

LOVE

사랑이란 기술 혹은 신비
사랑은 모든 것을 이룰 수 있다

독일 통일은 서로를 사랑함부터 이루어졌습니다.

1991년에 남북이 서로 교류한다는 협약을 맺었습니다. 우리 민족에게 대단히 기쁜 일입니다. 독일은 그런 협약을 맺은 후 18년 만에 통일이 되었습니다. 우리도 머지않아 통일이 될 수 있으리라고 기대를 해 봅니다.

저는 먼저 독일 통일 당시 독일 교인들이 이룬 숨은 역할에 대해 이야기를 하려고 합니다. 동독과 서독은 '통일'이라는 것은 생각도 하지 못하고 서로 상대방을 빌미 삼아 무력을 증강시켰습니다. 공산주의 체제인 동독은 서독을 팔아 군대와 무기를 증강시켰고, 서독은 동독을 팔아 군비를 강화했습니다. 동독과 서독, 두 나라 모두 막대한 예산이 해마다 국방비로 지출됐습니다. 서로 미워하고, 서로 욕을 했습니다.

그런데 그때 동독과 서독 교회의 대표들이 단합하여 모였습니다.

"우리 기독교인들은 군인들이나 정치가들과는 달라야 될 것이 아닌가? 우리 성직자와 교인들은 달라야 한다. 군인들 정치하는 사람들은 서로서로 증오의 대상으로 상대방을 욕하며 무기를 증강시키고 국방비를 올리지만, 우리 기독교인들은 달라야 되지 않겠는가? 우리가 조국 통일이 성경적으로 이루어지도록 대안을 제시해 보자." 하고 대화를 시작했습니다.

"우리 독일 민족은 군비를 확충함으로가 아니라 사랑으로 통일해야 한다. 사랑의 방법, 그것이 성경이 우리에게 가르쳐 주는 통일 방안이다. 사랑으로 통일을 하자." 하고 사랑으로 통일하는 운동을 동독 교회와 서독 교회가 추진하도록 합의를 했습니다.

그렇게 되자 그 회의에 참석했던 동독의 기독교인들은 정치가들에게 미움을 받아서 감옥에 가거나 감시를 받게 되는 어려움에 빠졌습니다. 서독 교인들 역시 여러 가지 제한을 당하고 사회의 비난을 받았습니다. 심지어는, 간첩이 아니냐? 빨갱이가 된 거 아니냐며 욕을 먹었습니다. 그러나 교회는 꾸준하게 성경이 가르쳐 주는 사랑의 원리로 통일을 해야 할 것을 주장했습니다.

그러던 차에 동독의 한 교회에서 독일 민족의 통일과 인권을 위한 기도회가 열렸습니다. 처음에는 30명 정도가 모여서 기도하게 됐습니다.

동독 비밀경찰이 뒷조사를 하고 집회를 방해했습니다. 사람들은 그 기도 모임에 오고 싶어도 비밀경찰이 두려워 참석하지 못하고, 신앙이 담대한 성도들 30~40명만 모여서 7년 동안 기도를 계속했습니다. 7년 만에 드디어 숫자가 불어나기 시작하더니 4,000명으로 불어났습니다.

그 기도 모임에서 동유럽의 공산주의 국가들이 무너지는 민주화 운동이 시작됐다고 합니다. 처음에 30~40명에서 시작한 기도 모임이 동유럽을 공산권에서 벗어나게 하는 촉매제의 역할을 한 것입니다. 이처럼 성도들의 사랑과 기도는 시대를 바꾸는 힘이 된다는 증거였습니다. 동독과 서독은 전쟁을 통한 방법이 아니라, 군사를 통한 방법이 아니라, 화해와 사랑의 방법으로 통일을 이루었습니다.

우리의 통일도 사랑부터

이제는 우리 한국의 차례입니다. 제2차 대전 후에 여러 나라가 분단의 설움을 당하게 되었는데, 불행하게도 우리나라는 마지막 분단국가로 남아 있습니다. 그동안에 베트남도 독일도 다 통일을 이루었는데 우리만이 마지막 남은 분단국가의 설움을 겪고 있습니다.

지금도 남북은 군비를 증강시키고 있습니다. 북한은 안타깝게도 핵 문제로 세계의 관심을 집중시키고 있습니다. 남한의 2009년 국방비는 28조 6,000억 원이었고 2008년에는 26조 8,000억 원이었습니다. 해마다 2조 원 이상씩 증가한 셈입니다.

북한은 지금 먹을 양식이 없다는데 그 돈을 국방비 늘리는 데다 쓰지 말고 북한의 형제를 도와주는 사랑의 실천으로 사용하면 통일이 훨씬 더 빨리 오지 않을까요?

정치하는 사람이나 군인들은 그렇게 할 수 없습니다. 그들은 인격과 생각의 바탕인 '속사람'에 사랑이 들어 있지 않기 때문입니다. 하지만 교회는 할 수 있습니다. 교회는 사랑의 공동체이고 기독교는 철두철미한 사랑의 종교입니다. 기독교에서 사랑을 빼 버리면 기독교는 존재할 의미가 없습니다.

하나님께서 우리를 사랑하셔서 죄를 용서하시려고 예수 그리스도를 십자가의 대속물로 죽게 하셨습니다. 그 하나님의 사랑에 '아멘' 하고 감사드리는 것이 우리의 신앙입니다. 기독교의 사랑은 하나님이 이미 우리에게 베풀어 주신 그 사랑에서 시작됩니다.

번데기 앞에서 주름잡는 얘기

저는 신학교 2학년 때에 '예수님께서 나를 죽기까지 사랑하셔서 내가 구원을 받았으니 나도 받은 바를 사랑으로 보답해야 하겠다. 빈민들이 사는 마을에 가서 예수님의 사랑을 내가 몸으로 한번 실천을 해 봐야겠다.' 생각을 하고 빈민촌에 들어갔습니다.

1971년에 시작을 했으니까 벌써 40년 가까이 됩니다. 그동안 사랑한다고 노력해 봤는데 많은 실패를 했습니다. 하도 제가 실패를 많이 하니까 우리 교인들이 지금도 저에게 이렇게 말합니다.

"목사님의 특기, 목사님의 은사가 뭔지 아십니까? 망하는 거 아닙니까."

실패하고 망하고, 하다가 안 되는 것이 제 특기이고 은사라는 것입니다. 저도 인정합니다. 사랑한다고 온갖 일을 다하고 온갖 사업, 온갖 프로젝트를 다 만들었는데 계속해서 실패만 했습니다. 실패하니까, 하지 않아도 될 고생을 할 수밖에 없습니다.

그래서 누가 제 앞에서 고생한 얘기하면 '번데기 앞에서 주름잡나' 하면서 씩 웃습니다. 제 앞에서 고생한 얘기는 안 어울리는 일입니다. 고생했다고 들어봐도 제 듣기에는 산보하는 정도로 여겨집니다. 별 거 아닌 것 가지고 고생했다고 합니다. 제가 그만큼 고생을 사서 한 것입니다.

그런데 그런 실패와 좌절의 과정 속에서 저에게 남은 것이 있습니다. 그것은 신앙고백입니다. 실패하고 고생하면 고생할수록 '하나님의 사랑이 아니면 나는 살아 있지도 못할 사람이로구나!' 하는 생각이 듭니다. 삶 속에서 하나님의 사랑을 피부로 체험하게 됩니다.

사랑은 무엇입니까

사랑이란 것이 무엇입니까? 예수님은 분명히 말씀했습니다.

> 누구든지 하나님을 사랑하노라 하고 그 형제를 미워하면 이는 거짓
> 말하는 자니 보는 바 그 형제를 사랑치 아니하는 자가 보지 못하는
> 바 하나님을 사랑할 수가 없느니라 (요한일서 4:20)

하나님 사랑을 어떻게 해야 한다는 것입니까? 하나님은 보이지 않으십니다. 보이지 않는 하나님을 사랑하려면 누구를 사랑해야 합니까? 목사님을 사랑하면 됩니까?

집회를 다녀 보면 가끔 어떤 분들이 "김진홍 목사님, 제가 은혜 받았습니다. 목사님께 양복 한 벌 해 드리고 싶습니다." 라며 저에게 과분한 선물을 해 주려고 합니다. 저는 아주 질색입니다. 그래서 한마디 해줍니다.

"자매님은 남편이 없습니까?"

"남편? 있지요."

"그러면 자기 남편이나 해 주지, 왜 남의 남편 양복을 해 주려고 그러십니까?" 하고 제가 퉁명스레 말합니다.

"아닙니다. 은혜 받아서 해 드리려고 그런 겁니다."

"은혜 받았다고 그렇게 하는 거 아닙니다. 너무 그렇게 우아하

보이는 사람을 사랑하면서도
우리는 서로에게
상처를 줍니다.

보이지 않는
하나님을
사랑하려면
어떻게 해야 할까요?

누구든지 하나님을 사랑하노라 하고 그 형제를
미워하면 이는 거짓말하는 자니 보는 바 그 형제를
사랑치 아니하는 자가 보지 못하는 바 하나님을
사랑할 수가 없느니라 (요한일서 4:20)

게 나오지 마십시오."

"아이고, 제가 뭐 우아합니까?"

"제가 우아하다고 말씀 드리는 것은 딴 말이 아니고, 우라지게 아첨한다는 말입니다."

아첨을 하려거든 예수님께 할 일이지 목사에게 하는 것이 아닙니다. 하나님을 사랑한다고 목사에게 뭘 바치는 게 아닙니다. 마음은 고맙지만 방향이 잘못되면 신앙이 혼란스러워집니다. 보이지 않는 하나님을 사랑하기 위해서 보이는 목사님을 사랑하는 것이 아닙니다. 목사님은 존경하고 그리스도 안에 형제처럼 지내는 것이고, 보이는 이웃을 사랑해야 하는 것입니다. 정말 사랑에 갈급한 영혼들이 얼마나 많습니까?

상우가 울었습니다

두레마을에 스물세 살 된 자폐증 청년이 있었습니다. 그 청년 이름은 상우인데 자기 세계에 갇혀서 밖으로 나오지 않습니다. 제가 듣기로는 초등학교 3학년 때 담임선생님이 뺨을 때렸다고 합니다. 그때부터 이 청년이 밖으로 나오지 않는 것입니다. 자폐 증상이 생긴 것입니다. 그러니까 교실에서 교육자가 매질하는 것, 없어져야 합니다.

그 후 스물세 살까지 자폐 증상이 있으니 그 부모가 얼마나 답답했겠습니까? 밥도 방에서 먹고 밖에는 한 번도 나오지를 않습니다. 그 부모가 정신과 의사, 상담가, 기도원, 안수, 집회 등등 안 해 본 것, 다녀 보지 않은 곳이 없었습니다. 그런데도 상태는 점점 나빠졌습니다. 결국 그 부모가 두레마을에 찾아와서 좀 맡아 달라고 했습니다. 우리는 자폐증에 대한 치료 경험이 없었습니다. 심리학 전공한 사람도 없고 부담이 돼서 "우리는 자신이 없는데요." 그랬더니 "그냥 살도록만 해 주십시오." 하고 사정을 합니다. 그래서 회의를 하고서 받았습니다.

처음 왔을 때는 침을 질질 흘리고 사람을 제대로 쳐다보지도 못하고 땅 밑만 내려다보고 사람 꼴이 말이 아니었습니다. 두레마을 강아지가 훨씬 더 똑똑하지, 사람 같지 않았습니다. 회의를 해서 저희 두레마을에서 제일 사랑과 인정이 있는 친구를 추천했습니다. 미스터 금이라고 어려운 사람을 잘 돌보는 은사가 있는 형제입니다. "금 군, 자네가 돌봐야겠네, 한방에서 정말 형님이 동생 대하듯이, 예수님께서 우리에게 하듯이 자네가 한번 맡아봐." 하고 맡겼습니다.

한방에 같이 살면서 금 군이 처음 그에게 이름부터 가르칩니다. 그는 부모 이름도 모르고 자기 이름 외에는 아는 이름이 없었습니다. 그래서 이름부터 가르쳤습니다. 우리 두레마을의 대표는 김진홍, 나는 금 누구누구, 이름을 하나씩 하나씩 가르쳤는데 그 뒤에 이름을 열일곱 명이나 알게 되었습니다.

그렇게 조금씩 변하더니 한번은 우리 두레마을에서 노래자랑을 했는데 거기서 '송아지'를 불러 특상을 탔습니다. 특상을 타고 텔레비전을 보다가 감동해서 울었습니다. 그 청년이 말입니다. 그러자 두레마을 사람들이 야단이 났습니다.

"야! 상우가 눈물을 흘렸다!"

슬퍼도 기뻐도 도무지 표정이 없던 청년이 두레마을에 와서 처음 눈물을 흘린 것입니다. 자기 정서, 감정이 되살아난 것입니다. 초등학교 3학년 때 선생님에게 뺨 맞아서 자폐증에 걸린 이후로 스물세 살 될 때까지 처음 눈물을 흘린 것입니다. 감정이 살아난 것입니다. 그 이후 인사도 잘하고 얼마나 사람이 바뀌어졌는지, 상우만 보면 두레마을 식구들은 행복해집니다. 병든 사람이 건강한 사람을 행복하게 합니다.

두레마을은 참 이상합니다. 똑똑한 사람들이 들어오면 멍청해지고, 멍청한 사람이 들어오면 아주 똑똑해집니다. 여러분 중에 멍청한 사람 있으면 꼭 두레마을로 가기를 바랍니다. 똑똑해집니다. 제가 드리고 싶은 말씀은, 사랑은 사람을 변화시킨다는 것입니다.

우리가 어떻게 변화되었습니까? 예수님의 사랑이 우리 영혼에 임한 뒤에 우리는 변화되었습니다. 마찬가지로 우리가 사랑을 우리 이웃에게 몸으로, 삶으로 전할 때 그 상대방을 변화시킵니다. 우리는 절대로 사람에게 실망해서는 안 됩니다. 마지막 순간까지 우리가 이미 받은 예수님의 사랑으로 상대방을 변화시킬 수 있다는 확신을 가져야 합니다. 그런 생각으로 그 동안 사랑을 실천한다고 해 봤는데, 사랑이 말로 할 때는 쉬우나 실제로 행할 때는 쉽지 않다는 것을 많이 체험했습니다. 그래서 많은 실패를 했다는 겁니다.

사랑한다는 게 더 못살게 했습니다

제가 남양만에 내려와 농민을 사랑한다고 농민들을 위해서 돼지 먹이는 사업을 시작해 양돈 단지를 만들었습니다. 시골 교회 목사가 월급이 얼마 됩니까? 월급봉투까지 털어 넣어서 돼지 단지 만드는 사업을 했습니다. 호주에서 최고로 좋은 씨돼지 아흔두 마리를 사 와 가지고 집집마다 돼지를 분배하고 '돼지 먹이는 마을 만들어서 잘살아 보자!' 하고 시작했습니다.

그런데 일 년이 못 되어 돼지 파동이 났습니다. 돼지고기 한 근에 700원은 돼야 사료비가 남는데 200원에도 팔리지가 않습니다. 돼지가 새끼를 낳는데 사 가는 사람이 없습니다. 돼지는 사람마냥 한둘 낳는 게 아닙니다. 열일곱 마리 열여덟 마리씩 낳습니다. 한 번은 스물세 마리까지 낳았습니다. 그렇게 새끼를 많이 낳는데 팔 곳은 없고 사료비는 올라가고 빚만 지니까, 교회 옆 마을 사람들이 교회를 원망하기 시작했습니다.

"예배당 말 들어서 잘될 거, 뭐 있을까 봐." 하고 교회를 비난합니다. 교회학교 학생들이 예배를 드리는데 "아무개야, 나오너라." 하고 엄마가 데리러 왔습니다. "왜 그러십니까?" 그랬더니 "예배당 말 듣고 돼지 먹이다가 집구석 망했소. 무슨 예배당을 다녀요?" 하고 데리고 가 버립니다. 사랑하고 전도한다고 시작했다가 오히려 전도를 막게 됐습니다.

돼지가 새끼를 낳았는데 팔 데도 없고 돈도 없어서 동네 아줌마들이 손수레에 돼지 새끼를 싣고서는 바닷가 갯벌에다가 버렸습니다. 뻘 밭에다 돼지 새끼를 버리니까 살아 있는 그 돼지 새끼가 뻘에서 바다 속으로 들어가겠습니까? 뻘 밭에서 꿀꿀거리며 기어 다니다가 밀물이 들어올 때 물결을 타고 동네로 다시 들어왔습니다.

돼지 새끼가 뻘칠을 해 가지고 온 동네를 꿀꿀거리고 뛰어다니니까 더 복잡해졌습니다. 동네 아줌마들이 짜증이 나 가지고 "안 되겠다, 예배당에 갖다 주자." 그러고는 손수레에 뻘칠한 돼지 새끼를 잔뜩 싣고 교회로 가져왔습니다. 교회 와서 "목사님." 부르기에, 저는 뭐 좋은 일인가 하고 "예." 하고 나갔더니 손수레에 아줌마들이 돼지 새끼를 잔뜩 싣고 와서 교회 마당에 내려놓으면서 "목사님, 돼지 좋아하시지요? 돼지 새끼 한 끼에 한 마리씩 드시라요." 하고 가 버렸습니다.

돼지 새끼 백여 마리가 뛰어 다니니까 교회 마당이 난장판이 되었습니다. 하도 정신이 없고 시끄러워서 할 수 없이 묻어 버리려고 청년들을 불러서 구덩이를 파고 돼지 새끼를 집어넣었습니다.

어떻게 하겠습니까? 묻으려고 삽질을 몇 번 했다가, 아이고 못 하겠습디다. 아무리 짐승이지만 산 새끼를 어떻게 생매장을 하겠습니까?

"할 수 없다. 다시 *꺼집어내라!*"

트럭을 한 대 불러서 트럭에다 돼지 새끼를 다 실었습니다. 왜 그랬느냐 하면, 농민들은 돼지 먹이다가 홀랑 망해 두 눈이 나올 지경인데, 정부는 수입 돼지고기를 인천 항구에 쌓아 놓고 팔고 있었습니다. 얼마나 화가 납니까? '농민들 다 죽이고, 그래 어디 너희끼리만 잘 살아라!' 하는 억하심정이었습니다. 그래서 세종로 정부 종합청사 11층에 있는 농수산부를 찾아가 정부 종합청사 앞 세종로 길에 돼지 새끼를 다 풀어 놓고 "잘 먹고 잘 살아라, 한 끼에 한 마리씩 먹어라!" 하려고 돼지 새끼를 싣고 갔습니다.

그런데 잽싸게 누가 군청에다 전화를 해 주었는가 봅니다. 독기가 올라서 가는데 길가에 군수 어른하고 경찰서장 어른이 지프차를 대 놓고 "김진홍 목사 붙들어라, 큰일 난다." 하며 트럭마다 뒤지는 것입니다. 뭣도 모르고 올라가는데 군수 어른이 저를 보고는 차를 세우더니 "아이고 목사님, 목사님 이러시면 저는 집에 가서 애나 봐야 됩니다. 목사님, 제가 서울 법대 나와 가지고 제 친구는 차관까지 올라가고 저는 겨우 군수 하는데, 목사님이 이러시면 저는 옷 벗어야 됩니다. 목사님, 저도 교회 집사입니다. 목사님, 좋은 일 많이 하신다더니 집사 죽이실랍니까?" 하면서 눈물 작전으로 나오는데 제가 그걸 뿌리치고 가 봐야 서울까지 가겠습니까? 고개 넘으면 바로 전투 경찰이 기다리겠지요. 마음대로 안 된다 싶어서 "트럭째로 군수 어른, 서장 어른께 돼지 몽땅 드릴테니까, 한 끼에 한 마리씩 드시오." 그렇게 줘 버리고 내려왔습니다. 농민을 사랑한다고 농촌 교회가 온갖 정성을 다 투자해서 했는데 농민을 사랑한다는 게 그만 농민을 빚지게 하고 못살게 한 것입니다.

사랑은 말로는 쉬운데 실제로 삶 속에서, 인간관계 속에서, 노동자들 속에서, 농민들 속에서, 가난한 자들 속에서 또는 한 교회에서도 사람이 사람을 사랑한다는 것이 본의 아니게 부딪치게 되고, 원망 듣게 되고, 사랑한다고 했는데 괜히 그런 짓 했다고 후회하게 되고, 오히려 자기가 상처만 받게 될 때가 참 많이 있습니다.

그래서 교회당 안에서 목사님이 '사랑합니다'라고 할 때 너도나도 '아멘' 하며 외칠 때 사랑이라는 것은 쉬운 듯한데 실제 삶 속에서 실천하는 것은 차원이 다르다는 것입니다.

사랑에도 기술이 필요합니다

에리히 프롬(Erich Fromm)이라는 독일의 사회심리학자가 쓴 『사랑의 기술 *The Art of Loving*』이라는 책이 있습니다.

여러분, 꼭 한 번씩 읽어 보시기 바랍니다. 자동차 운전하는 데 기술이 필요하듯이 사랑하는 데도 기술이 필요하다는 것입니다.

그 책을 읽고 저는 감명을 받았습니다. 그 내용은 사람이 사랑할 때에 '이제부터 사랑을 시작해야지.' 하고 생각해서 사랑이 시작되는 것이 아니라는 것입니다. 왜 그것이 불가능할까요?

그렇다면 사람을 사랑하는 데는 무엇이 필요할까요? 자동차 운전을 하려면 훈련 과정이 필요하듯이 사랑하는 데도 인격의 훈련이 필요하다는 것입니다. 사람 됨됨이를 갖추어야 하는 겁니다. 이는 사람 마음대로 안 됩니다. 사랑할 수 있는 기술, 사랑할 수 있는 프로그램, 사랑할 수 있는 성품이 길러져야 되는데 어떻게 하면 그 성품과 됨됨이를 갖출 수 있습니까? 성경은 뭐라고 말씀합니까? 말씀과 은혜 안에서 영적으로 성숙하면, 깊어지면 깊어질수록 사랑하는 기술도 깊어진다고 했습니다.

영적인 성장과 사랑할 수 있는 인격의 성장은 비례합니다. 반대로 인격이 메마르고 돈만 밝히고, 출세만 밝히고 다른 사람보다 앞서서 경쟁만 하게 되면 사랑할 수 있는 인격과는 반비례하게 되는 것입니다.

요즘 우리 사회가 왜 사랑이 없습니까? 사랑할 수 있는 마음의 여유, 그런 포용력, 인격적인 성숙이 없으니까 사랑하지 못하고 서로 괴롭히는 사회가 되어 가고 있습니다.

저도 사랑한다고 시작했다가 많이 실패를 하고 몇 가지 배운 것이 있습니다. 사랑에 대한 얘기를 하자면 밤을 새워도 끝이 없겠지만, 몇 가지만 말씀드립니다. 이것은 학문적인 얘기가 아니고

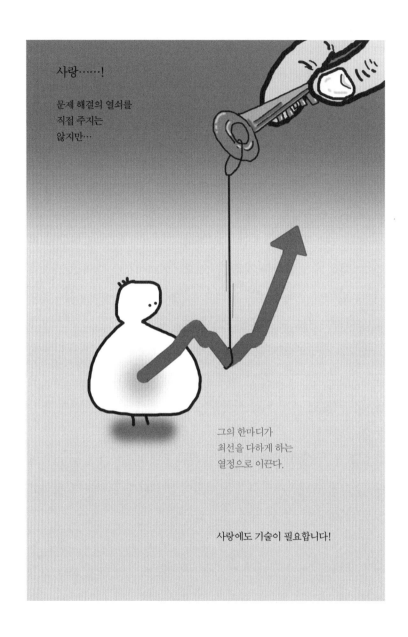

사랑……!

문제 해결의 열쇠를
직접 주지는
않지만…

그의 한마디가
최선을 다하게 하는
열정으로 이끈다.

사랑에도 기술이 필요합니다!

제가 빈민촌에서, 감옥에서, 농촌에서 사랑한다고 하면서 실패도 하고 그곳에서 보람도 느낀 경험 속에서 나온 얘기들입니다.

제가 사랑에 대해서 어떻게 스스로 인식하게 되었는가 하면 사랑이라는 것은, 첫째 사랑이 필요한 심령, 영혼과 더불어 함께 사는 데서부터 시작된다고 생각합니다. 더불어 사는 데서 비롯됩니다. 영어로는 'life together'라고 합니다.

사랑은 인내함이 필요합니다

제가 청계천에서 빈민 선교를 하는데 한번은 나이 50이나 된 어른이 저를 찾아왔습니다.

"김 선생, 잠시 드릴 말씀이 있습니다."

그래서 저는 진짜 잠시인 줄 알고 들어오게 했습니다. 그랬더니 제 서재에 들어와서 앉아 담배부터 빼서 물더니 첫마디가 "내가 만주에 있을 때에…" 그러더니 만주에서 마적단 따라다니던 얘기, 8·15 해방 되어서 월남한 얘기…. 줄줄 얘기를 하는데 얼마나 이야기가 지겨운지 두 시간 동안 얘기했는데 아직 자유당까지밖에 안 왔습니다. 그래서 속으로 '큰일 났네, 자유당 지나 4·19 지나 5·16 지나 공화당까지 오려면 몇 시간이나 갈까?' 생각하며, 하도 지겨워서 제가 하품을 하고 지루하다는 몸짓을 했더니 아예 나중에는 눈을 감고 줄줄 얘기를 해요.

애기를 좀 끊어 버리려고 그래도 어찌나 줄줄 나오는지, 지겨워 지겨워하다가 제 생각을 바꾸었습니다. '저 어른이 오죽 답답하면 저러실까? 오죽 답답했으면 힘없는 나한테 와서 저러실까? 내가 저 어른의 다른 것은 못 도와드려도 애기 듣기나 하자. 설마 끝은 나겠지. 마지막까지 내가 들어 본다.' 하고 마음먹고 들었습니다. 끝까지 들어보자고 들었는데 네 시간쯤 되니까 졸음이 쏟아지고 허리가 아프기 시작해 손으로 제 허벅지를 뜯고 혀를 깨물면서 졸지 않으려고 참았습니다. '순교가 따로 있는 게 아니구나!' 그러고 들었습니다. 이야기는 다섯 시간 20분 만에 끝났습니다. 다섯 시간 20분 만에 끝내면서 참 그 어른 엉뚱하게도 "오늘은 간단하나마, 이걸로 마칩니다." 하는 겁니다. 제가 아주 학을 뗐습니다.

'아, 큰일 났네! 다섯 시간 20분이 간단하다면 앞으로 열 시간이 될까. 스무 시간이 될까.' 생각했는데 이상하게 그 다음 주일날 11시에 교회를 나왔습니다. 가족들을 데리고 교회를 왔습니다.

"아니? 이게 웬일이십니까?" 하고 묻자, 집에 가서 가만히 생각하니 고맙더랍니다. 젊은 사람이 상당히 지루했을 터인데, 자기 평생에 자기 애기를 중간에 자르지 않고 마지막까지 들은 게 제가 처음이었다는 것입니다. 중간에 하도 잘 듣기에 '이 양반이 얼마나 듣나' 하고 애기를 하다가 나중에는 자기가 지쳐서 끝냈다는 것입니다. 집에 와서 생각하니 고맙더랍니다. 그래서 그 고마운 걸 갚을 게 없을까 생각해 보니, '예배당 댕겨 주면 되겠다' 싶어서 예배당 댕겨 줄려고 나왔다는 것입니다.

예배당 댕겨 줄려고 나왔다가 그 후 예수님을 만나고 큰 은혜를 받았습니다. 속으로 쌓이고 쌓인 한과 응어리가 뚫어져 버렸습니다. 옛날에는 털어놓지 않으면 평생 쌓인 마음의 스트레스와 한이 풀어지지 않아서 만나는 사람마다 붙들고 얘기를 늘어놨는데 예수 믿은 뒤에 그게 녹아져 버렸습니다.

예수님의 사랑을 알고 은혜를 알면서 얼마 지난 뒤 그 어른이 무슨 얘기를 하는데 3분도 안 되어 말을 간단하게 끝내기에 옛날 생각이 나서 물었습니다.

"아니, 옛날에 다섯 시간 20분 얘기하던 실력은 어디 가고 간단하네요? 아직 2~3분밖에 안 됐는데요?" 그랬더니 씩 웃으면서 "내가 예수 믿어서 수지맞은 게 그거지요." "그게 무슨 말씀이십니까?" 제가 물었더니 "옛날 예수 믿기 전에는 그렇게 쌓인 한이 많아서 아무나 붙들고 얘기를 하고 그랬지요. 예수님 믿고 난 뒤에, 나는 글이 짧아서 성경을 깊이 못 보고 그냥 왔다 갔다 듣기만 하고 기도도 많이 못했지만, 언젠가부터 그런 마음이 다 녹아 버리고 마음이 든든합니다."

사랑은 바로 사람의 인격을 변화시키는 '힘'입니다. '사랑의 힘'입니다. 하나님이 우리에게 임한 사랑은 마음의 상처를 치료하고, 인생의 허물을 치료하고 새롭게 하는 것입니다.

더불어 같이 살아야 합니다

그런 사랑의 힘을 우리가 이미 받아서 살고 있다는 것이 얼마나 감사한 일입니까? 그런 받은 사랑을 전하고 행하면서 산다는 것이 얼마나 영광이고 자랑이겠습니까? 그래서 사랑은 사랑이 필요한 사람과 더불어 같이 사는 것, 그 사람의 입장에 서는 것부터 시작합니다.

영어에 '언더스탠딩(understanding)'이라는 단어가 있습니다. '이해한다'는 뜻의 그 말을, 저는 참 좋아합니다. 사랑을 설명하는 데는 언더스탠딩이 적합한 것 같습니다. '언더(under)'와 '스탠드(stand)'를 더한 말입니다. 풀이해 보면 '사랑을 받아야 할 메마른 심령이 서 있는 그 자리에 내려가서 같이 선다'는 뜻입니다.

교회를 오래 다닌 사람들은 한 가지 나쁜 버릇이 있습니다. 교회 밖에서 실망하고 죄 짓고 살아가는 사람들에 대해서 같이 설움과 기쁨을 나누지 못하고 예배당 안에 그들과 분리되어 깨끗하게 앉아서는 '형제여, 자매여, 그 타락한 자리에서 살지 말고 교회로 들어오시오. 왜 그 죄악의 자리에 앉아 있습니까?' 하고 교회당에 들어와 앉으라 그럽니다. 그렇게 하면 그 사람이 들어올 수 있는 영적인 깨우침이나 정신적인 힘을 가질 수 있습니까?

교회당 안에서 "들어오시오, 들어오시오." 하면 안 되는 것입니다. 그 심령이 서 있는 그 삶의 자리로 내려가서 그 자리에서 함께 더불어 웃고 울고, 기쁨도 슬픔도 같이 나누는 삶, 사랑이 필요한 영혼과 더불어 같이 산다는 것, 그것이 얼마나 중요합니까?

목사님은 정말 할머니를 갖다 버릴 겁니다

두레마을에는 몇 년 전에 별세하신 90세 된 할머니가 계셨습니다. 요즘 서울 사람들은 제정신이 아닌 이상한 사람들이 많습니다. 부모님을 공원에 내버리는 사람들이 있습니다.

그 할머님이 딸이 둘이었는데 큰 따님이 모시고 있다가 병에 걸리자 둘째 딸에게 어머니를 보냈습니다. 가난하고 방이 좁고 해서 그랬는지 그 어머니를 모시고 있다가 불편하니까, 둘째 사위가 장모를 업어다가 공원에 버렸습니다. 이 할머니는 눈이 안 보이는 분이었습니다. 연세가 90이어서 말입니다.

어떻게 연결이 되어 두레마을에 왔습니다. 두레마을에서 모셔서 같이 살아 보니까 자식이 갖다 버릴 만하다 싶었습니다. 어찌나 성질이 별난지 밤중에 잠이 안 오니까, 새벽 두세 시에 라디오를 틀어 놓고 듣는데 귀 어두운 할머니 귀에 들리려니 온 동네가 "쿵짝 쿵짝" 하는 것입니다.

하도 시끄러워서 꺼 놓으면 또 틀어 놓고 해서 라디오를 숨겨 버렸습니다. 식사할 때마다, 음식이 짜다, 물이 많다며 어떻게 불평이 많은지, 저렇게 감사한 줄 모르고 불평만 하니까 사위가 갖

사랑을 전해야 하는 기독교인들이 십자가의
이름으로 사람들을 판단하고 응징하지 않습니까?

사랑은 〈이해〉입니다.
상대의 입장에 서는 것부터 시작합시다.

다 버렸지, 싶었습니다. 하도 불평을 하니까 자매님 한 분이 한번은 짜증이 나서 "할머니, 만날 불평만 하고 그렇게 하면 다시 공원에 갖다가 내버릴 겁니다." 그랬습니다.

보통 때는 그런 말 못 알아듣는데 자기에게 나쁜 말은 얼른 알아듣습니다. 참 이상해요. 그 할머니가 알아듣고는 "그래, 나를 공원에 갖다 내버린다고? 아이고, 자식이 안 돌보니, 두레마을도 나를 버리는구나, 김진홍 목사, 사랑의 목사라 하더니 사기다." 하면서 우는 겁니다. 제가 지나가다가 그걸 보고 민망스러워서 자매님을 나무랐습니다.

"이 사람아, 자식이 안 돌보는 할머니를 두레마을이 돌보면 예수님이 우리 마을을 얼마나 기뻐하시겠나, 어떻게 두레마을에 우리같이 건강한 사람만 모여서 살 수 있겠나? 그런 할머니 모시다가 천국 가시게 하면 얼마나 좋겠나?" 그랬더니 그 자매님이 "목사님, 제가 잘못했네요. 그런데 목사님, 제게 좋은 생각이 있습니다."

"무슨 생각인데?"

"목사님, 오늘 일은 제가 잘못했습니다. 그러나 목사님은 내일부터 밖에 나가지 마시고 두레마을에 가만히 계시면서 이 할머니 담당하셔요. 저는 이 할머니를 입으로만 갖다 버린다 하지만, 일주일 담당하시면 목사님은 실천할 겁니다."

사랑한다는 것은 쉽지 않다는 것입니다.

그래서 둘째로, 사랑은 그 값을 치러야 합니다. 사랑은 시간과

자존심과 재물의 값을 치러야 합니다. 예수님도 우리를 사랑하시기 위해서 값을 치르지 않으셨습니까? 오셔서 십자가에 죽으시는 값을 치렀는데 우리는 예배당 안에서 냉난방 장치 잘해 놓고 아주 기막힌 분위기에서 입으로만 '사랑한다'고 하면 되겠습니까? 사랑은 삶의 자리에 나가서 대가를 치러야 합니다.

셋째, 제 경험에 의하면 예수님을 심어 주는 것이 최고의 사랑입니다. 밥 굶는 사람에게 밥 사 주는 것도 사랑이지요? 등록금 없는 형제에게 등록금 주는 것도 사랑입니다. 헐벗은 형제 옷 입히는 것도 사랑입니다. 그러나 그 모든 것 합친 것보다 더 큰 사랑은 '예수님을 심어 주는 것'입니다.

그는 화장실 청소하는 사람이 되었습니다

제가 수원교도소에서 석방되기 전에 열여덟 명이 같이 있는 죄수 방에 있었는데 열여덟 명 죄수 중에 여섯 명이 살인범이었습니다. 살인범 중에 특별한 사람이 한 명 있었습니다.

나이 열여덟 살에 돈을 받고 사람을 둘 죽인 청부 살인자였습니다. 나이 열여덟에 돈 받고 사람을 둘 죽였으니 굉장한 사람이지요. 잡혀서 무기징역을 선고 받았습니다. 그러다가 20년으로 감형이 됐는데 이 사람하고 있으면서 제가 놀란 점은 마치 살아 있는 지옥을 보는 것 같다는 느낌이었습니다. 눈을 떠서 저녁에 잠들 때까지 죄짓는 것만 생각합니다.

그렇게 철두철미하게 죄짓는 것만 생각하는 사람은 처음 봤습니다. 제가 아주 혀를 내둘렀습니다. 밥 먹고 나서 운동을 하는데 쇠창살 가에 붙어서 손가락을 구부리고는 쇠창살 밖으로 손을 냈다가 들였다가 손가락 두 개를 구부렸다가 폈다가 합니다.

그래서 "형씨, 그거 뭐하시는 겁니까?" 하고 물었더니 "아, 식후 운동이요. 이렇게 손가락에 힘 오르게 연습하는 거요. 교도관 눈깔을 뽑는 데 필요한 운동이외다." 매일 연습하고는 기분 나쁘면 "알지?" 하고 손가락을 내밉니다. 그리고 "잘 때 뽑아 버릴 거야." 합니다. 우리 방에 태권도 7단이 있었는데 그 사람한테 꼼짝 못합니다. 힘으로 하면 태권도 7단한테 상대도 안 되지만 잠잘 때 눈을 뽑는다는 걸 어떻게 당합니까? 참, 대단합디다. 잠잘 때도 이빨을 득득 갈면서 "찔러, 찔러." 그러는데 옆에 누워있으면 옆구리가 서늘한 게 이상합니다. 그는 손을 들고 선서를 합니다.

"내 평생 소원이 뭐냐? 내가 이제 2년 뒤에 나가면 명동에 가서 잘생긴 냄비 열댓 명 모아 놓고 수류탄을 하나 구해 터뜨려서 자폭한다."

냄비는 여자를 속되게 표현하는 말입니다. 왜 자폭하려고 하는지 물었더니 "나는 이제 천당 가기는 텄소. 천당은 김 선생 같은 어른이나 가는 거고 나는 염라대왕한테 갈 건데 염라대왕이 냄비를 좋아한다니 열댓 명 갖다 바쳐야 한자리 할 거 아니오?"

그는 괜히 하는 소리가 아니라 정말 결심을 하고 연습했습니다. 수류탄을 어디 가면 구하는지, 명동에 어디 가면 냄비가 많은지 다 조사를 하는 것입니다. 하도 그 사람이 악하게 구니까 '야, 사람이 저렇게 죄짓는 것만 생각할 수도 있구나. 저렇게 얼어붙고 굳어진 마음에도 예수님의 사랑이 들어가면 훈훈한 봄바람이 불 텐데.' 딱한 생각이 들어서 제가 그 사람을 놓고 기도하기 시작했습니다.

"예수님, 저 심령이 예수님의 사랑을 알아서 저 강퍅한 마음이 변화되게 도와주시옵소서. 저 지옥 같은 마음에 천국의 사랑이 들어가게 해주시옵소서." 그렇게 기도했습니다.

한번은 비가 많이 오는 날이었습니다. 비 오는 날에는 죄수들이 일을 나가지 않습니다. 빗속에 도망가기 쉬워서 그러는지 비가 오는 날은 방에 앉아서 놀게 합니다. 장기도 두고 농담도 하고 노는데, 그날 '오늘 저 어른을 전도를 해야겠다.' 마음의 준비를 하고 전도하기 전에 먼저 기도했습니다.

'성령님, 도와주시옵소서.'

겁나지 않겠습니까? 잘못 말했다가 눈 뽑는다고 달려들면 큰일 나지 않습니까? 준비 기도를 하고 그 다음에 성경 들고 그 어른 앞에 갔습니다.

"형씨, 오늘 나하고 이바구 좀 합시다."

"뭔 이바구요?" 그래서 "형씨나 나나 이 좋은 세상에 왜 바깥에서 잘살지 못하고 왜 징역 살고 있습니까? 주인을 잘못 만나서 그런 겁니다." 그랬더니 "뭔 주인을 잘못 만난 거요?" 하고 묻습니다.

"내가 내 자신의 주인일 때는 사고뭉치밖에 안 됐습니다. 그러니 엉터리 주인은 취소하고 예수님을 우리의 새로운 주인으로 모십시다. 내가 내 주인 됐을 때는 사고뭉치였지만, 새로운 주인, 예수님이 내 주인이 되시면 성령을 보내 주셔서 내 마음대로 못하고 빗나가는 것을 붙들어 주시고 바로잡아 주십니다."

그렇게 설명하고 요한복음 1장 12절 말씀을 애기해 주었습니다.

영접하는 자 곧 그 이름을 믿는 자들에게는 하나님의 자녀가 되는 권세를 주셨으니 (요한복음 1:12)

예수님을 새로운 주인으로 영접하는 자. 손님 영접하듯이 예수님을 우리 영혼의 주인으로 영접하는 것입니다. 예수님을 우리 마음의 주인으로 영접한다는 말은 믿는다는 뜻입니다. 우리가 예수를 믿는다는 것은 예수님을 우리 영혼의 주인으로 모신다는 뜻입니다. 그렇게 모시면 영접하는 자, 곧 이름을 믿는 자들에게는 하나님의 아들딸이 되는 권세를 주십니다.

그 말씀을 찬찬히 설명하면서, 옛날 다윗 왕은 자기 부하를 죽이고 그 아내까지 빼앗았는데 하나님이 용서하셨다고 그랬더니, 심각하게 듣다가 "내가 다윗보다는 덜하네요." 합니다. 자기도 사람은 죽였지만 그 마누라는 안 뺏었으니까 다윗보다는 덜하다는 거지요. 그래서 제가 "맞습니다. 다윗보다 더해도 예수님을 영접하면서 하나님께서 지난 죄를 다 씻어 없애 주십니다. 새롭게 하십니다." 하면서 전도했습니다.

그랬더니 "나 같은 것도 예수 믿어도 될까요?" 하고 묻는 것이었습니다. 얼마나 제 마음에 기뻤던지, 열심히 그 사람 위해서 전도하고 기도하고 했습니다. 그 후 그는 '찬송가를 사다 달라', '성경 얘기해 달라', '개인 문제 상담도 해 달라' 하며 저와 아주 친해졌습니다. 천천히 마음 문을 열더니 하루는, "김 선생, 나 오늘 세례 받을라요. 세례 좀 주시오." 그때는 제가 목사 안수받기 전입니다. 전도사 시절이었거든요. 교회법에 전도사는 세례를 못 줍니다.

"제가 아직 세례 드릴 자격을 못 갖추었습니다. 저보다 먼저 출옥하실 테니까, 먼저 나가시면 가까운 교회 가서 세례 받으시기 바랍니다."

저는 14년 반이 남아 있었고 그 어른은 2년밖에 안 남았기에 먼저 출옥할 것으로 알고 그런 말을 했습니다. 그랬더니 그 어른이 "예배당도 법이 까다롭구먼, 김 선생한테 세례를 받았으면 쓰겠는데…. 좋습니다. 그러면 세례는 나중에 받기로 하고, 내가 예수 믿는 기념으로 뭔가 표적이 있어야겠지요? 에, 그러면 내가 오늘부터 변소 청소는 내가 할 테니까 나한테 맡기시오!" 하고 선언했습니다. 열여덟 명이 같이 사는 실내에 화장실이 있습니다. 화장실 청소는 누가 하기 좋아합니까? 서로 안 하려고 미루니까 두 달 동안 제가 매일 화장실 청소를 했습니다.

"김 선생, 오늘부터 화장실 청소는 나한테 맡기시오! 내가 담당하겠습니다. 제가 예수 믿는 기념입니다."

그 후 그날부터 화장실 청소를 열심히 합니다. 하도 옛날에 골치 썩이던 사람이라, '글쎄, 며칠 갈까? 하는 척하다가 일주일이나 갈까?' 하며 의심스러워했습니다. 그런데 열흘이 지나고 스무 날이 지나도 꾸준하게 화장실 청소를 하고 눈 뽑는 운동도 안 하고 사람이 변했습니다. 사람이 변하니까 그 방에 있는 사람들이 "야! 센데? 센데?" 하고 감탄을 했습니다.

갑자기 저에게 석방 명령이 떨어졌습니다. 박정희 대통령의 특별사면으로 짐을 꾸려서 나오는데 그 어른이 "김 선생님, 잠시 내 말 듣고 나가십시오." 하고 붙듭니다. 그러고는 제 앞에 무릎을 꿇고 손을 얹고 단정히 앉아서는 "김 선생, 감사합니다. 김 선생님 통해서 예수님을 알기 전에는 내가 지은 죄는 생각도 안 하고 '이따위 세상 내가 어떻게 보복을 하나, 나를 20년씩이나 감옥살이하게 하는 이놈의 세상 어떻게 보복하나? 나한테 무기징역 내린 판사를 내 손으로 가서 찌른다!' 하는 생각만 했었는데, 김 선생 통해서 예수님을 만나고 난 뒤에는 그런 생각은 눈 녹듯이 사라져 버리고 '나도 이제 나가면 사람 구실 해야지, 나가면 공원에서 휴지 줍는 일을 해서라도 사람 구실 해야지' 하는 생각을 하게 되었습니다."

그러고는 고맙다고 저에게 절을 했습니다. 저도 감동받고는 눈

시울이 찡 했습니다. 그걸 옆에서 보고 있던 수원교도소 소장이 저를 정문까지 마중을 하면서 다음과 같은 말을 했습니다. 제 죄수 번호가 73번이었는데 "73번, 큰일 했습니다. 우리 법무부가 저런 흉악범들을 무기징역, 20년, 30년 형 내리고 판사, 검사, 교도관들이 달라붙어 수갑 채우고 가두어도 흉악범 하나 변화시키지를 못하는데 김 선생님은 수갑 하나 없이 그냥 저런 사람을 저렇게 변화시켰으니, 얼마나 큰일 하셨습니까?" 하며 저에게 고맙다고 인사를 했습니다.

제가 한 것입니까, 여러분? '예수님'이 하셨습니다. 제가 주인으로 모시는 예수님이 그 사람 심령 속에 심어질 때에 예수님께서 그 심령을 변화시키셔서 그렇게 고쳐 놓으신 겁니다. 그러니까 '사랑, 사랑' 해도 최고의 사랑은 '예수님을 심어 주는 것.' 그 이상이 어디 있겠습니까? 그래서 가장 위대한 사랑은 예수님을 전해 주는 일입니다. 이것이 최고의 사랑입니다.

넷째로 사랑은 서로서로 나누는 것입니다. 주는 것만 사랑이 아닙니다. 잘못 주면 그 사람에게 거지 근성이 생기고 실컷 주고 욕을 먹게 됩니다. 주는 것만이 사랑이 아니면 안 주는 것이 사랑이겠습니까? 그것은 더욱 말이 안 됩니다. 그래서 사랑은 서로서로 있는 것을 나누는 겁니다.

부자들만 나누는 것이 아닙니다. 정주영 회장이 돈 많다고 많이 나눕니까? 작고한 이병철 회장이 많이 나누었다는 얘기 못 들었습니다. 있다고만 나누는 것이 절대로 아닙니다. 없는 사람도 나눠야 합니다.

무엇을 나눌 수 있습니까? 인정을 나누고 사랑을 나눌 수 있습니다. 기독교인은 받은 은혜를 나누고 사랑을 나누어야 합니다. '나누는 것'이 바로 '사랑의 핵심'입니다.

감옥 속의 제안

서울구치소에 있을 때 저는 크게 은혜 받은 적이 있습니다. 은혜 받은 날이 1974년 2월 23일이어서 해마다 저는 2월 23일만 되면 금식을 합니다. 1974년 그날 받은 은혜를 기억하면서 하루 금식을 하면, 다시 그날 받은 은혜 속에 잠기는 것 같습니다.

이 이야기는 저의 간증이기도 합니다. 결론을 미리 이야기하면 제가 그날 받은 은혜가 제가 가진 것을 나누는 것부터 시작되었다는 거죠. 나누는 삶에서 은혜가 임한다는 말입니다.

서울 구치소에 수감되어 있을 때에 정치범들은 주로 독방에 있는데 독방에만 오래 있으면 정신이상이 생기는 경우가 많습니다. 너무 외로워서 생기는 병입니다.

제 옆방에는 반공법으로 7년간 독방에서 산 사람이 있었는데 갑자기 정신이 이상해졌습니다. 하루는 밤중에 "여봐라, 짐이 부르신다." 갑자기 혼자서 왕이 됐습니다. 교도관이 깜짝 놀라서 "왜 그러시오?" 하고 달려왔습니다. 그러자 "수청 들 기생이 어디 있느뇨? 짐이 부르신다." 정신이 오락가락한 것입니다. 교도관이 "예이, 수청 들 기생은 없고 남자 기생이 왔나이다." 하고 놀렸습니다.

그래서 독방에 있는 정치범들을 이따금 일반 죄수 방에 들여보내서 같이 지내게 합니다. 하루는 독방에 앉아 있는데 "73번, 짐 갖고 나오시오." 짐 가지고 나갔더니 일반 죄수 여덟 명 있는 방으로 저를 보내 주었습니다. 여덟 명 있는 방이 얼마나 비좁은가 하면 저까지 아홉 명인데 방의 크기가 1.7평입니다. 2평이 못 되니 얼마나 비좁습니까? 아홉 명 사는 방에 화장실 있지요. 아홉 명 짐 있지요. 그러니까 너무 비좁아서 낮에는 앉으면 한 방 가득 되어 버립니다.

밤에 잠잘 때가 문제입니다. 똑바로 누울 자리가 없습니다. 그래서 '칼잠을 잔다'고 해서 한쪽 어깨만 붙이고 잡니다. 오늘은 이쪽 어깨, 그 다음엔 이쪽 어깨, "오늘은 이쪽이요" 하면 전부 그쪽으로 잡니다. 그렇게 칼잠을 자는데 자다가 어깨가 빠지면 자리가 없어져 버립니다. 아무리 노력을 해도 자리를 내주지 않습니다. "빠졌으니 좀 넓게 자자" 하고 안 내줍니다. 그러면 할 수 없이 화장실 옆에 앉아서 잡니다.

그렇게 비좁은 방에 살면서 거기에도 빈부 차이가 심하게 있습니다. 있는 사람, 없는 사람의 차이가 심합니다. 돈도 없는 감옥에 무슨 빈부 차이인가 하시겠지만 돈 있는 사람은 밖에서 불고기를 사다 먹습니다. 돈 없는 사람은 그냥 입만 쳐다보고 불고기 냄새만 맡으면서 그냥 보고 있습니다. 감옥에는 돈 대신에 세숫비누, 치약, 이런 것들이 화폐입니다. 물건을 바꿀 때 "치약 몇 통" 하면 값이 정해집니다. 한 사람은 치약이 두 박스나 있는 부자인데 비해 한 사람은 치약이 없어서 손가락으로 이를 닦습니다. 얼마나 불평등합니까? 제가 하도 민망스러워서 하루는 건의를 했습니다.

"여러분, 우리가 이 좁은 방에서 한번 '정치'를 해 봅시다."

"뭔 정치요?"

"우리 1.7평 공화국을 만듭시다. 우리나라의 문제는 경제는 발전한다고 하지만, 빈익빈 부익부가 심해서 가난한 사람은 점점 가난해지고 부자는 점점 부자가 되어 빈부의 차이가 벌어지는 게 문젭니다. 이게 사회 혼란의 근본이 됩니다. 그러니 우리가 비록 지금 감옥에서 살고 있지만, 청와대에서도 못하고 국회도 못하는 빈부 차를 없애는 평등한 사회를 한번 만들어 봅시다. 저금통장도 치약도 비누도 네 것 내 것 없이 같이 한번 써 봅시다. 그러면 생각보다 굉장히 분위기가 좋아질 겁니다."

그랬더니 분위기가 이상합니다. 치약을 두 박스나 가지고 있는 양반이 저에게 인상을 팍 쓰더니 "당신, 혹시 평양서 온 거 아니야? 당신, 그거 빨갱이 사상인데?" "저는 평양서 온 게 아니고 교회의 교역자입니다. 정치범으로 들어왔습니다." 그랬더니 "교역자거나 말거나 그 말 한번만 더하면 내가 간첩으로 신고할 거요. 간첩신고하면 포상금이 얼마인지 알아? 이 양반이 누굴 떼돈 벌게 할라고 그러나?" 그러면서 막 화를 냅니다. 없는 사람은 없는 사람 대로 "당신, 누굴 약 올리는 거야? 당신 거나 날 줘 봐. 내가 안 쓰는가?" 하고는 서로 못마땅해 합니다.

그는 잠이 든 채 꽁꽁 묶여 감옥까지 왔습니다

저는 입을 다물고 가만히 있을 수밖에 없었는데 그때 예수님께서 길을 열어 주셨습니다. 그 방에 전라남도 신안군 섬에 살다가 서울에 취직하려고 올라온 열아홉 살 청년이 있었습니다. 이 청년이 서울에 올라와서 취직한다고 뒷골목을 헤매다가 취직은 안 되고 배가 고프니까 초겨울에 어느 집 담을 넘었습니다. 그것도 요령 있고 경험이 있어야 하지 않습니까? 처음 담 넘어간 사람이 제대로 했겠습니까? 어떻게 해서 부엌까지는 들어갔는데 부엌에서 방으로 들어가려니 용기가 안 나거든요. 이 머리가 둔한 청년이 꾀를 쓴다고, 연탄을 자기가 갈아 넣었습니다. 연탄을 새로 갈아 넣으면 연탄가스가 나오지 않습니까? 방문을 조금 열고는 부채를 가지고 연탄가스를 방으로 부쳤습니다.

청년은 '방으로 연탄가스가 들어가서 방에 자는 사람들이 취해서 쓰러지며 그때 마음 놓고 훔쳐야지' 하는 생각이었나 봅니다. 그게 제대로 안 된 것이 초겨울 빈 속에 몸이 얼었던 청년이 불 앞

감옥과 수도원은 겉으로는 아무 차이가 없다.
그러나 안을 들여다보면 감옥은 불평, 불만 투성이고
수도원은 감사와 찬양으로 넘쳐난다.

에 앉아서 부채질하고 있으려니 몸이 녹을 게 아닙니까? 몸이 녹으니까, 자연히 뭐가 오겠습니까? 잠이 오는 겁니다. 꾸벅꾸벅 졸다가 나중에는 아주 푹 잠이 들어 버렸습니다. 부뚜막에 부채를 쥐고 잠이 들어 버렸는데 밤중에 가정주부가 불 갈아 넣는다고 밖에 나와 보니 시커먼 녀석이 부채를 쥐고 자고 있거든요. 그래서 남편을 깨워서 파출소에 전화를 했습니다. 경찰관이 와서 자는 사람을 꽁꽁 묶었습니다. 잠결에 감옥소까지 들어온 거죠.

머리가 좀 모자라는 이 청년이 추운 겨울에 그만 동상이 걸렸습니다. 치료를 받아야 되는데 자꾸 가려워서 긁고 만지고 소독도 안 된 손으로 만지다가 덧났습니다. 파상풍에 걸렸는지 오른쪽 다리가 동상에 덧나 썩자, 그만 잘못되서 오른쪽 다리 무릎 밑을 절단해야 한다는 겁니다. 절단 날짜를 받아 놓은 그 청년을 보니, 하도 불쌍해서 기도가 나오지 않겠습니까?

"예수님, 저 청년 다리 좀 자르지 않도록 도와주시옵소서."

그러고는 우리 교인들이 들여보내 준 두툼한 솜옷을 벗어서 그 청년에게 입혔습니다. 추운 감옥에서 솜옷 벗어 주기가 쉽지 않지요. 그러나 예수님께 입은 사랑을 생각하고 솜옷을 벗어서 입히고 그 청년이 입고 있던 얇은 옷은 제가 입고, 내복도 입히고 양말도 갈아 신기고 그러고서는 하루 세 번씩 그 상처 난 다리에 마사지를 시작했습니다. 하루 세 번씩 마사지를 하면서 기도했습니다.

"예수님, 예수님의 제자 베드로는 앉은뱅이도 고치게 하셨습니다. 이 청년 다리도 좀 끊지 않도록 도와주시옵소서."

간절히 기도하면서 하루 세 번씩 다리를 마사지했습니다. 그렇게 여드레를 하니까, 다리 상처 주위에서 색깔이 변하기 시작하는 것이었습니다. 시커멓게 죽어 있던 다리에 혈색이 돌기 시작했습니다. 색깔이 변하기 시작하는 것을 보면서 제가 "야, 이 사람이 뭐 달라진다. 다리 색이 달라지지 않나? 피가 돌기 시작하는 거다! 자네, 다리 살려야 되지 않겠냐? 다리 색이 달라지니까 의무실에 가서 다시 검사를 해 봐라. 다리 잘하면 살릴 수 있겠다!" 하고 의무실에 보냈습니다.

의무실에 갔다 오더니 제 앞에 털썩 주저앉아서 아무 소리 안 하고 눈물만 뚝뚝 떨어뜨리는 것이었습니다.

"야, 이 사람아. 왜 그래? 다리 잘라야 된대?" 하고 묻자, 한참 눈물을 떨어뜨리다가 "김 선생 덕에 다리 살았대요. 내 다리 살았대요." 그러고는 눈물을 흘리며 울기 시작합니다. 그러니 얼마나 감격스럽습니까? 그 방에 있던 다른 죄수 일곱 명도 "야, 다리 살았다는데? 센데! 73번, 센데!" 하고 감탄했습니다. 감옥에서는 세면 범털이라고 그래요. 약하면 쥐털이라고 하고요, 중간에는 개털이 있습니다.

"야! 처음 들어올 때는 쥐털같이 들어오더니 범털인데?"

세다는 겁니다.

다리를 절단하지 않게 된 후

오후에 방 분위기가 달라져 버렸습니다. 그날 저녁에 제가 잠자리에 들려 하자 치약을 제일 많이 가지고 있는 그 방 재벌이 저에게 말을 걸어왔습니다.

"김 선생, 주무십니까?"

"아직 안 잡니다."

"김 선생하고 같이 있으니까, 배울 게 많습니다."

"예, 고맙습니다. 배우신 게 있습니까?" 그랬더니 이러는 겁니다.

"김 선생, 처음 들어오셔서 하신 말씀 기억나세요? 네 것 내 것 없이 살아 보자 하신 말씀이요."

"기억하는 정도가 아니지요. 그게 하고 싶어서 저는 매일 기도하고 있습니다."

그랬더니 그 양반이 "김 선생! 내가 오늘 오후에 마음을 먹었습니다! 네 것 내 것 없이 터놓고 지내 봅시다!" 그러는 것입니다. 그 양반이 청년의 다리 낫는 것을 보고는 감명을 받은 것 같았습니다. 네 것 내 것 없이 같이 살아 보자고 했을 때, 딴 사람들은 다 찬성을 해도 그 방에서 제일 부자인 그 양반이 가장 많이 손해를 볼 테니까 마지막까지 반대를 했었습니다. 그런데 오후에 그 청년의 다리가 낫는 것을 보고 마음에 감동이 왔는지 네 것 내 것 없이 해 보자는 겁니다.

그 양반이 얼마나 물질에 밝은 사람인지, 교도관들을 매수해서 밀수 장사를 하는데 감옥에서 200만 원을 벌어 가지고 나가는 사람이었습니다. 얼마나 대단한 사람인지 모릅니다. 이 사람이 감옥에 들어오게 된 이유는, 200원짜리 설탕 한 봉지를 홍콩에서 들어온 아편 원료라고 속이고 인천에 가서 500만 원에 팔았습니다. 설탕 200원짜리를 500만 원 현찰로 받은 것입니다. 얼마나 말 잘하고 설득력이 뛰어나면 그러겠습니까?

그런 양반이 왜 잡혔는가 하면, 500만 원 주고 설탕을 산 사람이 다시 2,000만 원에 팔려고 다녔어요. 팔러 다니다가 나중에 보니까 설탕이거든요. 그래서 이 양반을 잡으러 인천 시내를 온통 누비고 다니다가 버스 안에서 서로 만났답니다. '또 한 건 할 거 없나' 하고 버스를 타고 서 있는데 누가 뒤에서 혁대를 잡으면서 "도둑이야!" 소리쳐서 돌아보니까 자기에게 설탕 산 사람이더랍니다.

그래서 잡혀 왔는데 그날 버스 탄 것이 자기 실수라고 자주 후회합니다. '사람은 그 신분에 맞게 놀아야 된다'는 겁니다. 자기 신분은 택시 탈 신분인데 버스 탔다가 망했다는 거죠. 그래서 그 양반 별명이 택시 아저씨입니다. "아저씨는 택시가 어울려." 그렇게들 농담을 했습니다.

그런 사람이 그 청년 다리 낫는 것을 보고 네 것 내 것 없이 한번 살아 보자고 했습니다. 저는 그 말을 듣고 자는 사람들을 다 깨웠습니다. 놔 뒀다가 내일 아침에 그 마음이 변해 버릴까 걱정이 돼서 밤중에 자는 사람을 다 깨운 겁니다.

"다 터놓고 합치는 거요."

그러고는 건빵이고 고추장이고 치약이고 비누고 저금통장에 든 돈까지 다 합쳤습니다. 네 것 내 것 없이 합쳐 놓고 살아 보니까 얼마나 좋은지요.

사람은 부자 가난뱅이 따로 없이 같이 살아가면 분위기가 달라집니다. 물질의 소유에 따라 사람의 마음과 인심이 변해 버립니다. 매일같이 이웃집 담 넘어가던 얘기, 못된 얘기 하던 사람들이 분위기가 바뀌어 '사람 구실 해야 될 텐데….' 하면서 장래 걱정, 가족 걱정을 하며 대화가 서서히 변했습니다.

도둑 강의

그러던 어느 날, 절도로만 열한 번 들어온 사람이 있었습니다. 하루는 그 사람이 저에게 "김 선생, 성경 얘기 좀 해 주시라요."라는 말을 합니다. 제가 얼마나 기분이 좋겠습니까? 이 사람은 시간만 있으면 후배들에게 훔치는 강의를 하는 사람이었습니다. 열한 번이나 들어왔으니 얼마나 전문가이겠습니까? 아주 기막힌 사람이지요.

저도 그 사람 강의를 많이 들었습니다. "누구든지 훔치려고 담 넘어 들어가면 서두르지 말고 정원에서 대변을 먼저 보라!" 그럼니다. "아니, 대변을 왜 봅니까?" 하고 물었더니 "사람은 변 보는 시간이 가장 정신이 집중되는 시간이오." 세계의 위대한 발명품은 다 화장실에서 나왔다고 그럽니다. 대변을 보면서 정신이 집중되고 영감이 떠오른다는 거죠.

'이 집은 어떻게 요리해야 되나?'

변 보면서 생각한다는 겁니다. 자기도 그날 변을 봤으면 괜찮을 텐데 괜히 서두르다가 판단을 착오해서 잡혔다고 그래요. 변 보면서 어디로 어떻게 들어가야지 감을 잡아서 그대로 실천해야 된다는 거지요. 그래서 실내에 들어간 뒤에는 서두르지 말고 먼저 현관에의 신발장부터 가만히 열어 보라고 합니다.

"돈을 신발장에 숨깁니까? 왜 신발장을 열어 봅니까?" 그랬더니 "다들 모르는구먼." 하면서 말을 꺼내는데 그 집안의 모든 상황은 신발장을 보고 판단한다는 겁니다. 신발장이 깨끗하게 정리되어 있으면 그런 집은 현찰도 별로 없고, 보석도 없고 잠귀도 밝아서 깨기 쉬우니까 나와 버리라는 거죠. 신발장이 어지럽고 겨울 신, 여름 신, 장화, 우산 등이 뒤범벅되어 있으면 우리 집이라 생각하고 마음 놓고 털라는 겁니다. 현찰도 많고 구석구석에 보석도 있고 그런 집은 '내 집이다'라고 여기는 거죠. 그 사람들 머리가 얼마나 좋은지 신발장을 보고 그 집의 정신 상태를 판단합니다.

저도 그때 제대로 배웠기 때문에 지금도 심방을 가면 신발장부터 봅니다. 이 집은 어떨까? 대체로 맞아요. 신발장으로 압니다.

매일 그런 강의하던 사람이 저에게 성경 얘기 해달라니 제가 얼마나 반가웠겠습니까? 제가 성경 얘기를 시작하는데 처음부터 예수님 얘기로 바로 들어가면 그 사람에게 어려울 것 같아서 구약성경의 재미있는 얘기부터 했습니다.

삼손과 들릴라 얘기, 다니엘의 사자 굴 얘기, 다윗이 골리앗 쓰러뜨리는 얘기, 그런 얘기를 재미있게 했더니 그 양반들이 흥미를 느끼고는 "야, 성경 재미있구먼, 성경이 삼국지 뺨치는 구먼." 그렇게 재미있게 하다가 차츰차츰 성경 공부로 발전을 해 나갔습니다. 출애굽기의 십계명을 공부하는데, 제일은, 제이는…. 나가다가 십계명 마지막이 뭔지 아십니까? '네 이웃의 집을 탐내지 말지니라.' 입니다.

그것을 가르쳤더니 "김 선생, 이건 뺍시다. 우리 직업 없어집니다."라며 질색합니다. 자기들이 실업자가 된다는 뜻입니다. 자기들은 있는 집의 것을 가져다가 없는 데로 나르니까 유통업자라는 겁니다. 한국 경제 유통에 크게 기여를 한다는 거죠. 그래서 "십계명 열 번째 것 때문에 우리들 직업이 없어지니까 구계명으로 줄입시다." 하며 웃고 그랬습니다.

십일조로 건빵 보내기

그 후에 예배를 드리게 됐습니다. 주일날에 제가 사회를 보고 예화 설교를 하고 십일조 헌금을 드리게 됐습니다. 십일조 헌금은 밖에서 건빵이나 돈을 들여오면 십분의 일 떼어서 이웃 방의 보호자 없는 죄수한테 보내자고 했습니다.

얼마나 좋은 십일조입니까? 그렇게 했더니 재미가 있다 말이지요. "야, 김 선생, 이거 예수 믿는 거 재미있는데요? 김 선생, 우리이 방을 예배당 합시다. 김 선생 목사하고, 나 장로 주소." 그렇게 재미있게 예배드리고 웃고 지냈습니다.

그런데 서울구치소 교도관이 그것을 이상하게 보고 정보부에다가 보고를 했습니다. 우리 정치범들은 정보부 6국이라는 데서 관할을 하고 교도소는 그냥 맡기만 하는 겁니다. 제 담당 교도관이 중앙정보부에다가 뭐라고 보고를 했는가 하면 '73번 있는 방의 분위기가 대단히 불온합니다. 밤중에 쑥덕쑥덕하고 단합 대회 열고 손뼉 치고 하는 것이 무슨 준비를 하는지 분위기가 불온합니다.'

그러자 중앙정보부 담당관이 오해를 했습니다.

"그 73번 정치 선동꾼이 일반 죄수들 의식화하는 거 아닌가 모르겠다 이거, 일반 죄수들을 의식화해 가지고 전부 정치범으로 만들어 놓은 거 아니야? 다시 독방으로 쫓아 보내라!"

1974년 2월 23일 지시가 떨어졌습니다. 갑자기 독방으로 쫓겨 나가게 됐습니다. 제가 독방으로 쫓겨 가면서 벗어 줬던 솜옷을 달라고 그러겠습니까? 내복을 회수하겠습니까? 그냥 홑껍데기 옷을 입고 독방으로 쫓겨 나갔습니다.

물없이 몇 개의 건빵을 먹을 수 있으신가요?

아마 다섯 개 이상을 먹기가 힘드실 겁니다.
감사함으로 드리고 나누어야 합니다.

"별빛을 보고 감사하는 사람에게는 달빛을 주시고
 달빛을 보고 감사하는 사람에게는 햇빛을 주시고
 햇빛을 보고 감사하는 사람에게는
 해와 달이 필요 없는 영원한 빛을 주신다."
- 스펄전

성경에 '불' 자가 얼마나 많이 있을까?

1974년 2월 23일은 대단히 추운 날이었습니다. 2월 늦추위가 아주 심했습니다. 여러 사람이 한방에 있을 때는 사람의 온도가 있어서 추위를 덜 느끼는데 독방에 혼자 앉아 있으려니까 얼마나 추워지는지, 온몸이 떨리고 나중에 통증이 왔습니다. 다리뼈를 무슨 가위나 바늘로 쑤시는 것 같았습니다.

얼마나 고통스러운지요. 감당하기가 어려웠습니다. 뛰어도, 찬송해도, 기도해도, 너무 추워서 정신을 차릴 수 없을 정도였습니다. 그 추위로 어려움을 겪다가 좋은 생각이 났습니다.

무슨 생각이 났는가 하면, 성경을 손에 펴 들고는, '창세기에서 요한계시록 사이에 '불' 자가 있을 거다. 내가 '불' 자를 찾으면서 이 추위를 이겨야지!' 하는 생각이 들었습니다.

'성경의 불을 쬐야겠다.'

그래서 창세기부터 '불' 자를 찾기 시작했습니다.

맨 처음 '불' 자를 찾은 곳은 출애굽기 3장, 모세가 호렙 산에서 양떼를 먹이다가 가시나무에 불이 붙은 장면이었습니다. 우리나라에선 아카시아 나무라고 부르는 떨기나무에 불이 붙었는데 신기한 것은 불이 꺼지지 않았습니다. 모세가 이상해서 가까이 가자, 하나님께서 말씀하시기를 "모세야, 네가 선 땅은 거룩한 땅이니 네 발에 신은 신을 벗어라." 하고 말씀하셨습니다. 거기서 모세는 이스라엘 민족의 지도자로 부르심을 입었습니다.

여기부터 시작해서, 이사야서 6장에는 제단 숯불로 선지자 입술을 지지는 내용이 나옵니다. 다니엘서에는 다니엘의 친구 세 사람, 다니엘의 세 친구가 신앙을 지키다가 불가마로 들어가나 불 속에서 죽지 않고 살아서 나옵니다. 계속 주욱 읽어 나갔습니다.

신약에 가면 맨 처음 '불'자는, 마태복음 3장에서 나옵니다. 세례 요한이 예수님을 소개하는 말씀이 있습니다.

나는 너희로 회개케 하기 위하여 물로 세례를 주거니와 내 뒤에 오시는 이는 나보다 능력이 많으시니…… 그는 성령과 불로 너희에게 세례를 주실 것이요 (마태복음 3:11)

그 다음에 제가 아주 놀란 구절은 누가복음 12장 49절 말씀이었습니다. 저는 어려서부터 교회를 다니면서 신학교를 졸업할 때까지 누가복음을 아마 수십 번 봤을 겁니다. 그런데 이상한 것은 옛날에 누가복음을 봤을 때는 이런 말씀이 없던 것 같았는데, 그날 저는 뼈를 깎는 것 같은 추위의 고통 속에서 이 말씀을 찾아낸 것입니다.

옛날에도 누가복음 12장 49절을 수십 번 보았을 텐데 전에는 왜 이 말씀을 몰랐을까? 그 대목에 새로 이 말씀이 들어온 것처럼 그렇게 느껴졌습니다.

내가 불을 땅에 던지러 왔노니 이 불이 이미 붙었으면 내가 무엇을 원하리요 (누가복음 12:49)

불! 불 좀 주십시오!

예수님께서 이 세상에 왜 오셨다는 것입니까? 불을 던지러 오셨다는 것입니다. "내가 이 세상에 불을 던지러 왔다. 이 불이 이미 붙었으면 내가 무엇을 더 원하겠는가?"라고 말씀하셨습니다. 저는 이 말씀을 읽고 정신이 번쩍 들어서 두 무릎을 꿇고 두 손을 모아서 기도했습니다.

"예수님, 이 땅에 불을 던지러 오신 예수님, 십자가에 죽으실 때 주님께서 다 이루었다고 말씀하셨습니다. 그 말씀이, 바로 주님께서 세상에 던진 불이, 이미 붙었다는 말씀인 줄로 믿습니다. 예수님께서 던진 불이 베드로와 그 제자들, 그리고 사도 바울을 통해서 오늘 우리에게, 한국 교회에까지, 또한 2,000년 역사, 예수님께서 던지신 불의 역사가 한반도에까지 이른 것을 제가 믿습니다. 주여, 간절히 기도드립니다. 지금 저는 정신을 차리지 못할 만큼 춥습니다. 저에게 불 조금만 던져 주시옵소서!"

그리고 또 기도했습니다.

"주님! 성령의 불, 영적인 불만 말고 성냥불 같은, 라이터 불 같은, 실제 불도 저에게 조금만 던져 주시옵소서. 그 불로 제가 추위를 이기겠습니다."

그렇게 간절히 기도했습니다. 그렇게 기도하면서 그 다음 '불' 자가 있는 사도행진 2장 1절에서 4절까지 읽었습니다. 그런데 사도행전 2장 1절에서 4절 말씀을 읽는 동안 제 몸에 큰 변화가 왔습니다. 제가 평생 잊을 수 없는 제 육신의 물리적인 체험을 그때 한 것입니다. 여지껏 말씀 속에서 영적인 차원, 생각으로만 불을 찾았는데 사도행전 2장 1절에서 4절, 오순절 불의 역사가 떨어져 거기서부터 교회가 시작된, 그 말씀을 읽으면서 저는 실제적이고 물리적인 체험을 하게 되었습니다.

오순절날이 이미 이르매 저희가 다 같이 한 곳에 모였더니 홀연히 하늘로부터 급하고 강한 바람 같은 소리가 있어 저희 앉은 온 집에 가득하며 불의 혀같이 갈라지는 것이 저희에게 보여 각 사람 위에 임하여 있더니 저희가 다 성령의 충만함을 받고 성령이 말하게 하심을 따라 다른 방언으로 말하기를 시작하니라 (사도행전 2:1~4)

오순절 성령 불의 역사가 모인 120명 머리 위에 충만으로 임했던 그 말씀인 3~4절을 읽을 때에 제 가슴에서 따뜻한 기운이 솟아나기 시작했습니다. 그리고 온몸에 훈훈한 기운이 확 퍼져서 그 방에 가득 차게 됐습니다. 그 방에 찬 기운은 다 사라져 버리고 온 방에 훈훈한 기운이 차고 넘치게 됐습니다. 깜짝 놀라서 마룻바닥을 더듬었더니 그 차가운 마룻바닥이 온돌방으로 변했습니다. 사면 벽을 더듬었더니 다 스팀이 들어오는 것 같았습니다. 제가 하도 이상해서 그 방에 있는 모든 물건을 잡아 봤더니 보온밥통처럼 그렇게 따뜻해져 있었습니다. 제 가슴에서부터 시작된 따뜻한 기운이 온 방에 차고 넘쳤습니다.

저는 당황하다가, 왜 이럴까? 예수님께서 제 기도를 들으시고 불로써 함께하신다는 것을 확실히 깨닫게 되었고, 그것은 제 마음에 넘치는 기쁨을 느끼면서부터였다는 걸 알았습니다. 제 마음속에 기쁨과 평화가 넘치기 시작했습니다. 얼마나 감격스러웠는지 모릅니다.

'아! 예수님께서 나 같은 것도 사람대접 해 주시고 내 기도를 들으시고 불로써 함께하셨구나.'

얼마나 감격스러운지 저는 일어서서 눈물을 끊임없이 흘리면서 이 모퉁이, 저 모퉁이, 방 네 군데 모퉁이를 빙빙 돌면서 절을 했습니다.

"예수님, 감사합니다. 감사합니다."

그날 오후 너무 감격해서 눈물 흘리다가 그날 저녁에 취침나팔 소리를 들으면서 잠자리에 들었습니다.

동상도 그냥 낫고

우리나라는 참 이상해요. 전국의 마흔여섯 군데 감옥 중에 제가 가본 감옥이 네 군데입니다. 그런데 전부 다 죄수들 잠재울 때는 취침나팔로 반드시 찬송가를 불어 줍니다. 이상하지요. 그런 의미에서 우리나라는 잘될 것 같습니다.

죄수 세 명이 트럼펫을 가지고 망루에 올라가서 나팔을 붑니다.

'전능왕 오셔서 우리를 다스려 주옵소서…' 트럼펫 소리가 망루에서 울려 퍼지면 산천이 얼어붙는 것 같은 추운 감방에서 예수님께서 공중 나팔로 재림하시는 듯한 느낌을 받습니다. 얼마나 그 나팔 소리가 은혜가 되는지요. 그 나팔 소리가 울려 퍼질 동안은 죄수들도 다 조용해지고 경건해집니다.

그 나팔 소리가 끝나면 여기저기서 "어머니!" 부릅니다. 이상하게 "아버지!" 부르는 사람은 한 사람도 없습니다. 다 어머니만 불러요. 아버지는 헛건가 봐요. 그날도 어머니 부르는 소릴 들으면서 잠자리에 들었습니다.

그런데 더욱 놀랄 일이 벌어졌습니다. 두 달 동안 중앙정보부에 조사받으러 다녔는데 꼭 밤중에 와서 데려갑니다. 그해는 눈이 많이 왔는데, 밤새도록 남산 지하실에서 조사받습니다.

"야! 평양 언제 갔다 왔어?"

그러면 가슴이 철렁합니다. 공산당을 만들려고 합니다. 그 말

사람의 온몸 구석구석에는 36.5도의 따뜻한 피가 흐른다.
심장이 멎고 피가 차가워지면 사람은 죽는다.
사람의 피가 36.5도인 이유는 적어도 그만큼은
뜨거워야 하기 때문이다.   -외과의사 봉달희 중에서

당신 속엔 누가 살고 있습니까?
당신의 36.5도는 어디에서 나옵니까?

들으면 얼마나 가슴이 서늘합니까? "보소, 내가, 대구 사람이 평양 길을 알아야 갈 거 아니오?" 그러면 "이놈의 새끼!" 하면서 두들겨 패고, 밤새 잠 한숨 못 자게 합니다. 새벽에 다시 방에 데려다 줄 때는 졸면서 겉습니다.

거기에는 눈이 많아 신발 속에 눈이 잔뜩 들어가서 양말이 젖습니다. 방에 들어가면 양말을 벗고 발을 말리고 자야 하는데, 너무 잠이 쏟아지니까 방에 들어가서 그냥 쓰러져서 코를 골아 버립니다. 자는 동안에 양말이 얼고 발이 얼어요. 결국 동상에 걸렸습니다. 동상이라는 것이 추울 때는 괜찮은데 따뜻한 이부자리에다가 발을 녹이기 시작하면 가려워집니다. 얼마나 가려운지 잠들기 전에 그 발가락을 긁다가 긁다가 자게 됩니다. 밤마다 그렇게 하니까 열 발가락이 통통 부어 아주 모양이 우스워집니다. 밤마다 끙끙거리다가 잡니다.

그런데 그날 저녁에는 가렵지 않아서 이상해서 일어나서 불빛에 발을 비춰보니까 동상이 흔적도 없어졌어요. 동상이 깨끗하게 사라졌습니다. 제가 얼마나 감동받고 감격했는지요.

'예수님께서 나를 이렇게 사랑하시고 이렇게 돌봐 주시는구나! 내 죄와 허물을 소멸해 주시고, 게다가 추위를 소멸해 주실 때에 내 발의 동상까지 다 소멸해 주셨구나!'

기쁨이 넘쳐서 제 몸이 공중에 붕 뜨는 것 같았습니다. 제가 자신을 감당하지 못해서 밤중에 찬송가를 불렀습니다.

"나 같은 죄인 살리신 주 은혜 놀라워 잃었던 생명 찾았고 광명을 얻었네…."

눈물을 줄줄 흘리면서 불렀습니다. 제가 감격에 넘쳐서 찬송을 부르자 교도관이 달려와선, "73번, 왜 그래? 알 만한 사람이 왜 그래? 낮에도 찬송하면 안 되는데 밤중에 될 일인가? 중단해!" 그래서 "교도관님, 죄송합니다. 제가 찬송을 안 부르면 제 가슴이 터져서 죽을 것 같아요. 교도관님, 제가 죽는 것보다 찬송하는 게 낫지요? 이해해 주십시오." 그랬더니 "73번이 또라이가 됐나?" "예, 맞습니다! 돌아 버렸습니다! 예수님 때문에 성령께서 불로써 내게 오셔서 내가 돌아 버렸네요. 교도관님도 나하고 같이 돕시다!" 그랬더니 "진짜 가 버렸구먼." 하고 가 버렸습니다.

변기통에 밥을 집어넣고

혼자서 찬송하다가 기도하다가 손뼉 치다가 밤을 새웠는데 그 다음날 아침에 아침밥이 들어왔습니다. 콩, 보리 섞인 밥을 받아서 손에 들고 기도한 후 변기통에 집어넣고 히브리서 12장 마지막 절 말씀을 읽었습니다.

우리 하나님은 소멸하는 불이심이니라 (히브리서 12:29)

여호와께서는 소멸하시는 불이심이라. 하나님은 누구십니까? 불로 태우는 불입니다. 예전에는 저를 죄에서 소멸하시고, 얼마 전에 추위를 소멸하신 주님께서 이번에는 제 발의 동상까지 다 소멸하셨습니다.

'여호와 아버지는 저를 소멸하시는 불이십니다.'

그래서 저는 기도를 하고 금식을 했습니다. 그날 점심에 다시 밥이 들어왔습니다. 다시 변기통에 넣으면서 고린도 후서 5장 17절을 읽었습니다.

그런즉 누구든지 그리스도 안에 있으면 새로운 피조물(被造物)이라 이전 것은 지나갔으니 보라 새 것이 되었도다 (고린도후서 5:17)

제가 다시 두 끼째 변기통에 밥을 집어넣고 금식을 하면서 읽었습니다. 여러분, 예수님 안에서 새것이 되는 역사, 그런즉 누구든지 '그리스도 예수' 안에 있으면 새로운 사람, 새로운 가정, 새로운 나라, 새로운 교회, 새 역사입니다. 그런즉 누구든지 예수 안에, '은혜 안'에 있으면 새로운 사람이 됩니다. 이전 것은 지나갔습니다. 여러분, 지난날 여러분의 부끄러움도, 상처도, 죄도, 허물도 십자가 밑에 내려놓으시기 바랍니다.

'이전 것은 지나갔으니 보라 새것이 되었도다.'

여러분, 새로워지는 역사를 체험하기를 바랍니다.

여러분들이 예수를 믿기 전에는 헌 사람, 옛 사람으로 왔지만 예수를 믿은 후에는 '그리스도 안'에서, '새사람'으로서 새로워지는 역사로서, 성령 안에서 새로워지는 변화, 그 체험, 그 역사가 있게 되기를 바랍니다.

신비입니다

그날 저녁에 저는 세 끼째 금식을 했습니다. 콩밥을 변기통에 넣으면서 갈라디아서 2장 20절을 묵상을 했습니다.

> 내가 그리스도와 함께 십자가에 못 박혔나니 그런즉 이제는 내가 산 것이 아니요 오직 내 안에 그리스도께서 사신 것이라 이제 내가 육체 가운데 사는 것은 나를 사랑하사 나를 위하여 자기 몸을 버리신 하나님의 아들을 믿는 믿음 안에서 사는 것이라 (갈라디아서 2:20)

그래서 해마다 2월 23일이 되면 그날 찾았던 그 말씀을 되새기면서 그날 받았던 그 체험을 돌이켜 봅니다. 그러면 다시 한 번 가슴이 뜨거워지고 '살아 계신' 예수님의 은혜를 '제 몸과 영혼'으로 체험하게 되는 것입니다. 여러분, 이 말씀대로 '아멘' 하십니까?

"내가 그리스도와 함께 십자가에 못 박혔다" 그랬습니다. 이상하지요? 그래서 신앙은 신비, '미스터리(mystery)'입니다. 기독교는 신비입니다. 2000년 전에 나사렛 예수가 십자가에 죽으실 때 그때는 제가 태어나지도 않았는데, 저와 여러분이 다 세상에 없었는데 성경은 그때 우리가 같이 죽었다고 합니다. 2000년 전에 예수님이 십자가에 피 흘려 죽으실 때에 그때 김진홍도 같이 죽었다는 것입니다. 여러분도 그때 같이 죽었습니다. 그때 누가 죽었습니까? 죄의 몸, 허물의 몸, 심판 아래 있던 몸이 그때 죽었다는 것입니다.

"십자가와 함께 못 박혀 죽었나니 그런즉 이제는 내가 산 것이 아니요."

그때 우리도 죽어 버렸으니까 지금 내가 살아 있지 않습니다. 우리 속에 누가 살아 있습니까?

"그리스도께서 사신 것이라."

나를 위해서 죽으신 예수님께서 이제 내 속에 살고 계십니다.

그래서 이것이 신비입니다. 나는 죽어 버리고 예수님이 내 속에서 살아 계십니다. 그래서 내가 내 육체 가운데 산다 함은 '나를 사랑하셔서 나를 위하여 자기 몸을 버리신 예수'를 믿는 믿음 안에 사는 것을 말합니다. 여러분, 이 말씀에 다 마음을 열고 함께 '할렐루야' 할 수 있게 되기를 바랍니다.

예수님께서는 사랑으로 여러분 속에서 죽으시고 여러분 속에 살아 계십니다. 그래서 지금 우리는 '사랑으로 나를 위해서 죽으신 예수'를 믿는 믿음 안에 살고 있는 것입니다.

여러분, 우리 육신은 죽어 버렸습니다. 여러분도 죽어야 합니다. 내 포부도, 내 욕심도, 내 명예도, 자존심도, 내 개인이 출세하는 것도 다 예수님 안에서 죽어 버려야 합니다.

이제 누가 살아야 합니까? 예수님께서 내 속에 사셔서 사랑의 역사를 골목마다 직장마다 이루셔야 합니다. 여러분, 남은 인생을 '예수님의 사랑'으로 살게 되시기를 바랍니다.

여러분의 여지껏 살아온 육신은 어떻게 됐습니까? 십자가에서 죽어 버렸습니다. 지금은 누가 삽니까? 여러분 안에 예수님께서 사십니다. 예수님의 사람으로, 사랑의 사람으로 이 백성을 섬기며 교회를 받들며 예수님의 '일꾼'으로 이 땅에서 살아가게 되시기를 바랍니다.

그것을 위해서 예수님께서 죽으셨습니다. 여러분이 사랑의 사람으로 나누고, 백성들과 더불어 살고, 정말 몸으로 삶으로 예수님을 전하는 예수님의 사람으로 살게 될 때에, 여러분의 모든 실천과 삶이 이 땅 위에 예수님이 계시는 사랑의 나라가 되는 역사가 있게 됩니다. 그 일에 여러분이 헌신하고, 바쳐지는 결단이 있게 되기를 바랍니다.

03

기도

PRAYER

진실로 다시 너희에게 이르노니 너희 중에 두 사람이 땅에서 합심하여 무엇이든지 구하면

하늘에 계신 내 아버지께서 저희를 위하여 이루게 하시리라 (마태복음 18:19)

기도는 하나님과 대화하는 것입니다!

PRAYER

아빠, 초콜릿 줘

기도는 호흡이고 생명이다

비닐하우스에서 재배한 아이

기도에 대해서 가장 간결하게 그 본질을 설명하고 있는 성경 구절은 이사야 1장 18절입니다.

> 여호와께서 말씀하시되 오라 우리가 서로 변론하자 너희 죄가 주홍 같을찌라도 눈과 같이 희어질 것이요 진홍 같이 붉을찌라도 양털 같이 되리라 (이사야 1:18)

하나님과 사람이 만나서 이야기하는 시간, 그 시간이 바로 기도하는 시간입니다. 하나님과 사람이 만나서 대화하는 것을 기도라 하겠습니다. 그래서 여호와께서 내게로 오라, 서로 만나서 대화하자고 말씀하십니다. 하나님과 우리가 만나서 대화하면 무슨 열매를 맺을 수 있습니까? 그 다음 구절에 답이 있습니다.

"너희 죄가 주홍 같을지라도 눈과 같이 희어질 것이요 진홍 같이 붉을지라도 양털같이 희게 되리라."

특별히 이 본문에는 제 이름이 나오기 때문에 저는 두레교회 교인들에게 강제로 암송을 시킵니다. "본 교회 목사 이름이 나오는데 교인이 몰라서 되겠느냐? 적어도 이 귀한 성경에 이름이 올라갈 정도면 얼마나 큰 인물이냐? 그런 인물을 목사로 모셨으니 전부 암송을 해야 된다." 하고 교인들에게 강요를 합니다. 성은 빠졌지만 이름은 정확하게 나옵니다. 그래서 우리 교회 교인들은 이사야서 1장 18절을 거의 다 외우고 있습니다.

"여호와께서 말씀하시되 오라 우리가 서로 변론하자."

대화하면 기적이 일어납니다. 무슨 기적이 일어납니까?

"너희 죄가 주홍 같을지라도 눈과 같이 희어질 것이요 진홍 같이 붉을지라도 양털같이 되리라."

하나님과 우리가 만나서 대화하는 기도 생활을 통하여 우리의 죄가 주홍 같을지라도 희어지고 진홍 같이 붉을지라도 양털같이 희어진다는 말씀입니다. 기도는 하나님과 우리 사이에 가로막힌 죄를 해결하는 비결입니다. 기도는 인간과 인간 사이, 하나님과 인간 사이에 막힌 담을 무너뜨리는 기적을 일으키는 역사입니다. 기도에 대해 우리는 이 말씀부터 시작해야 합니다.

하나님과 만나서 대화할 적에 꼭 기억해야 할 점이 있습니다. 기도를 잘못 배우면 대표 기도 할 때에 그렇게 어렵게 합니다.

"전지전능하시고 무소부재하시고…."

뭐 어려운 말을 다 갖다 붙이고 한참 쉬고 간 뒤에 "여호와 아버지시여"가 나옵니다. 여호와 아버지 나오기 전에 사람들은 이미 잠이 들어 버립니다. 예수님께서 우리에게 가르쳐 주신 기도는 '아바 아버지'로 시작되는 기도입니다. '아바'는 '아빠'라는 말입니다.

어린아이들이 '엄마, 아빠'라는 말을 배울 때까지는 세계 언어가 통일되어 있습니다. 우리말은 '아빠' 히브리어는 '아바', 영어는 '파파'입니다. 엄마도 그렇습니다. 우리는 '엄마'지요, 영어는 '마미, 마마'로 비슷합니다. 어린아이들이 엄마, 아빠를 부르는 말은 세계가 통일되어 있습니다.

두세 살배기 어린아이가 아빠 부르는 것처럼 순수한 마음으로 아버지께 기도를 드리라고 하셨습니다. 무소부재에, 전지전능에, 논문 발표하듯이 그렇게 어렵게 하면 얼마나 기도가 지겨워집니까?

특별히 장로님 권사님들의 기도가 긴 것 같습니다. 모처럼 마이크 잡았으니까 길고 긴 기도를 드리고 싶은가 봅니다. 제가 어떤 교회에 가서 집회를 하는데 장로님이 기도를 19분이나 해서 한숨자도 되겠다 싶었습니다. 기도 시간에 창세기부터 나오는데, 아브라함부터 시작해서 언제 계시록까지 가는가 싶었는데 19분을 기도를 했습니다. 그런 기도를 하면 젊은 사람들도 보고 흉내를 냅니다. 문자를 쓰고 시국 강연을 하듯이 기도를 합니다. 그것은 우리가 기도의 근본을 잘못 이해하고 있기 때문에 그런 일이 생기는 것 같습니다.

어린아이가 아빠에게 "아빠, 초콜릿 하나 사 줘." 하는 것처럼 기도해야 합니다. 무슨 두 살짜리 아이가 아빠에게 초콜릿 사 달라고 하면서 "능력 많으시고 자비로우시고 인심 좋으시고 위대하신 아버지, 초콜릿 하나 부탁드리옵나이다." 그러면 걱정스럽지요. "야, 이거 애를 비닐하우스에서 재배했나? 뭐 이런 애가 다 있나?" 하고 공포(?)를 느낄 겁니다.

그러니까 기도는 그렇게 거창하게 할 게 아니라 아이가 아버지 앞에 나와서, 있는 그대로 "아빠 장난감 하나 사 줘." "그래, 그래." 이게 부자 사이 아닙니까? 하나님께서 우리에게 원하시는 것은 그런 '관계'입니다.

오라! 우리가 서로 대화하자. 예수님께서도 "아바, 아버지시여!" 기도하셨습니다. 거창하지 않았습니다. 이것이 기도에 대한 근본 마음가짐이라 하겠습니다.

기도의 핵심, 신앙고백

기도 속에서 가장 중요한 것은 우리들의 신앙고백입니다. 우리는 교회에서 사도신경을 신앙고백으로 고백합니다. 그런데 사도

신경은 신약 시대에 와서 사도들에 의해서 이루어진 신앙고백입니다. 그렇다면 구약 시대는 신앙고백이 없었을까요? 사도신경은 신앙 성도들의 신앙고백인데, 구약 시대는 사도들의 시대가 아니니까 신앙고백이 없지 않았을까 하는 의문이 생깁니다.

학자들이 구약을 연구하다가 신명기 26장 5절에서 9절이 '구약의 사도신경'이라고 할 수 있다고 발표했습니다. 구약 시대의 신앙고백, 그 사도신경의 내용이 바로 기도의 정신에 합당하다는 것입니다.

> 너는 또 네 하나님 여호와 앞에 아뢰기를 내 조상은 유리하는 아람 사람으로서 소수의 사람을 거느리고 애굽에 내려가서 거기 우거하여 필경은 거기서 크고 강하고 번성한 민족이 되었더니 애굽 사람이 우리를 학대하며 우리를 괴롭게 하며 우리에게 중역을 시키므로 (신명기 26:5~6)

먼저 조상의 뿌리, 내력을 말합니다. 우리 조상이 어떠어떠한 내력을 가졌다는 그 뿌리를 말해 줍니다.

구약 시대의 사도신경, 신앙고백이 우러나오는 삶의 자리가 중요합니다. 어떤 자리가 신앙고백이 우러나는 자리입니까? 학대받고 고난당하고 괴로움을 당하던 그 자리가 신앙고백의 자리입니다. 편안한 자리에서는 신앙고백이 우러나오기 어렵습니다. 삶의 고뇌와 갈등과 고통 속에서 신앙고백이 뿌리를 내리기 시작합니다.

양다리 명인의 신앙 줄타기 공연.

기독교   불교

우리나라와 민족이 어렵지 않습니까? 그래서 우리 민족은 복음화되는 데에 참 좋은 토양입니다. 일본 같은 나라는 복음이 잘 전파되지 않습니다. 일본은 너무 부강해져 버렸습니다. 국민소득이 2만 달러를 넘어 나라가 편안해지니까 국민들이 고난 속에서 부르짖을 일이 없습니다. 교회 나오는 사람들도 신앙이 좀 희미합니다.

제가 일본 교회에 설교를 할 기회가 있어서 일본에 간 적이 있습니다. 주일 예배를 마치고 점심 식사를 하는데 일본 교회 청년이 "김 선생님, 저는 오전에 이렇게 교회에서 예배를 드리고, 오후에는 마을에 있는 법회에 참석합니다." 하기에 이게 무슨 소린가 싶어서 "어떻게 오전에는 교회, 오후에는 절에, 예수님 앞에 갔다가 부처님 앞에 갔다가 좀 이상하지 않습니까?" 그랬더니 "양쪽에다 정성을 들여 놓으면 한 군데는 아다리가 되지 않겠습니까?"

농담이 아니라 실제 자기가 그렇게 한다는 겁니다. 오전 오후 갈라서 양쪽에다 정성을 들여 놓으면 한쪽이라도 걸린다는 말입니다. 일본사람들의 신앙이 그런 식입니다. 우리 한국인의 신앙 관념으로는 상상도 못할 이야기입니다.

한국 사람은 예수를 믿어도 목숨 걸고 믿지 않습니까? 죽기 아니면 살기로 믿었습니다. 그런데 일본은 그렇지 않습니다. 그래서 영적으로는 우리 민족이 훨씬 더 축복의 바탕이 좋다고 보겠습니다. 영적 토양이 더 좋은 셈입니다. 그런 고난과 중노동의 고통 속에서 신앙고백이 나옵니다.

우리가 우리 조상의 하나님 여호와께 부르짖었더니 여호와께서 우리
음성을 들으시고…… (신명기 26:7)

고난의 자리에서 부르짖는 신앙이 그 신앙고백의 첫 번째 기둥
이 됩니다. 그리고 그 부르짖음에 대해서 들으시는 하나님, 그것
이 구약 시대 신앙고백의 두 번째 기둥입니다.

우리의 고통과 신고와 압제를 하감하시고 여호와께서 강한 손과 편
팔과 큰 위엄과 이적과 기사로 우리를 애굽에서 인도하여 내시고 이
곳으로 인도하사…… (신명기 26:7~9)

고난의 자리에서 '부르짖었더니' 여호와께서 그 부르짖음의 기
도를 '들으시고', 큰 손과 강한 팔을 뻗어 고난의 자리에서 부르짖
는 백성들과 인도하셨다는 내용입니다.
어디로 인도하셨습니까?

… 이 땅 곧 젖과 꿀이 흐르는 땅을 주셨나이다 (신명기 26:9)

젖과 꿀이 흐르는 땅, 가나안 땅을 주셨습니다. 그 약속의 가나
안 땅, 젖과 꿀이 흐르는 땅, 그 축복의 땅을 허락하셨습니다.
정리해 보겠습니다. 기도가 일어나는 자리가 어디입니까? 백성

들의 고난의 삶의 터전입니다.

첫째, 그 터전에서 부르짖는 신앙.

둘째, 그 부르짖음에 대해서 들으시는 하나님.

셋째, 들으시고 응답하셔서 강한 손과 큰 팔을 뻗치셔서 백성들을 인도하시는 하나님의 사랑입니다.

넷째, 인도하셔서 젖과 꿀이 흐르는 땅을 주셨습니다. 이 네 가지가 우리 신앙고백의 기준이고 기도생활에 있어서 핵심입니다. 젖과 꿀이 흐르는 약속의 가나안 땅을 주시기까지 기도로 시작을 해서 기도로 끝납니다.

두레마을에는 젖소 농장이 있습니다. 거기에 젖소 마흔여섯 마리가 있게 된 사연은, 원래 젖소를 사육하던 농민들이 실패를 해서 다 팔고 없앨 때에 우리 두레마을에서 사들인 겁니다. 그랬더니 저희 교인들도 주민들도 "목사님, 모두 젖소가 안 돼서 파는데 사들이시면 어떻게 하실랍니까? 또 적자 보고 손해 보실랍니까?" 하기에 제가 "그런 소리들 하지 마세요. 농촌에서 젖소 안 먹이면 어떻게 합니까?"

그리고 이어서 말하길 "하나님께서 젖과 꿀이 흐르는 가나안 땅을 주신다고 했는데 '젖과 꿀'이 흐르려면 젖소를 먹여야 '젖'이 흐르지, 젖소 안 먹이면 젖이 어떻게 흐릅니까? 그리고 젖소 농장에 벌통을 많이 갖다 놓으면 거기서 '꿀'이 흐르는 겁니다." 그래서 시

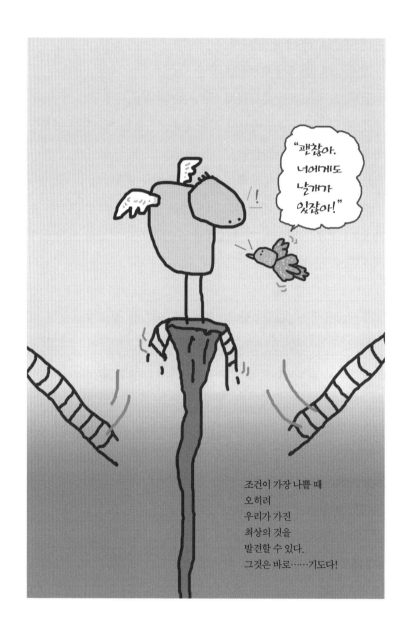

조건이 가장 나쁠 때
오히려
우리가 가진
최상의 것을
발견할 수 있다.
그것은 바로······기도다!

작을 했는데 성공을 했습니다. 이제는 젖소가 마흔여섯 마리, 벌통에 서른 통 있는데 매일 젖과 꿀이 흐릅니다.

처음에는 송아지 두 마리부터 시작했습니다. 저는 거기 갈 때마다 은혜 받습니다. 성경에서 말하는 젖과 꿀이 흐르는 약속의 땅, 희망의 땅은 따로 있는 것이 아니라는 말씀입니다. 그 신앙을 본받아서 역경의 자리에서 부르짖고 응답받는 신앙인들에게는 그 삶의 터전이, 바로 그 약속이 이루어지는, 젖과 꿀이 흐르는 땅이라는 것입니다.

베드로처럼 기도로 감옥 문이 열렸습니다

제가 감옥 살던 얘기를 앞서 드렸습니다. 석방될 때 기도 응답받은 얘기를 해 드리겠습니다. 저는 군사재판에서 15년 선고를 받았습니다.

'아따, 오래도 살라 그러네.'

그러고는 감옥에서 열심히 성경 보면서 그렇게 지냈습니다. 그러면서 1년이 지났는데 1년 만에 우리 판자촌 교인 다섯 명이 수원교도소로 저를 찾아왔습니다. 그날이 1975년 1월 6일입니다.

다섯 명이 특별 면회를 와서는 "전도사님, 우리가 전도사님 석방을 위해서 온 교인이 40일 동안 밤새워 기도 하기로 했습니다." 그래서 저는 깜짝 놀랐습니다.

"아, 이 사람들아, 없는 사람들은 잠을 푹푹 자야 건강에 좋은 걸세, 제대로 먹지도 못하면서 잠을 적게 자면 안 되지. 잠이 약이여, 잠이. 덜 먹어도 잠이 보충해 주는 거라, 먹어야지, 자고 먹고 자고 튼튼해야지." 그랬더니 교인들이 "전도사님, 사도행전 12장을 보니까, 베드로가 감옥에 있는데 성도들이 누군가의 집에서 합심해서 기도했더니 옥문이 열렸지 않습니까? 우리에게도 그런 역사가 있을 줄 믿습니다." 교인들의 말이 부담돼서 제가 "아, 이 사람들아, 그때는 그때고 지금은 지금이제, 사람 따라 다르지 않나? 내 수준이 베드로가 되나? 내가 베드로 정도가 돼야 그렇게 되지." 그랬더니 교인들이 "전도사님, 징역 들어오더니 믿음 식었네요. 옛날에 설교할 때는 그렇게 말씀 안 하셨는데…." 그러면서 이어 말하길 "전도사님 신앙은 베드로만 못해도 우리 교인들 신앙은 그때 교인만 하니까 우리 교인들 믿음으로 옥문이 열릴 줄 믿습니다. 우리가 알아서 하겠습니다." 하고 돌아갔습니다.

그 다음날부터 교인들이 40일 철야를 했습니다. 금식은 교인들이 구역별로 돌아가면서 3일씩 금식을 하고 철야기도는 40일을 했습니다.

"우리가 40일 동안 부르짖자. 낮에 직장 가서 졸더라도, 물건 팔면서 졸더라도, 우리가 버스 안에서 자더라도 우리 전도사님 출옥하시도록 부르짖자."

그래서 40일 동안 철야를 하고 3일씩 돌아가면서 구역별로 금식

기도를 했습니다. 40일 끝나는 날이 2월 14일입니다. 2월 14일 저녁까지 합심해서 철야 기도를 끝냈는데, 2월 15일 정오쯤에 갑자기 박정희 대통령의 석방 명령서가 내려 왔습니다.

저는 그런 사정도 모르고 있는데 수원교도소 소장이 와서는 "73번, 기쁜 소식이오. 집에 가게 됐소이다." 합니다. 제가 그 말을 듣고 잘 믿어졌겠습니까? 정치범들은 자꾸 교도소를 여기저기 옮기기 때문에, 하도 자주 옮기니까 미안해서 농담하는가 싶어 "소장님, 또 딴 교도소로 옮기는 모양인데 겨울에 아직 2월이라 추우니까 이왕 옮기려면 제주교도소나 진주교도소 같은 따뜻한 데로 보내주소." 그랬더니 소장님이 "예, 나가신 뒤에는 제주도를 가시든지, 하와이를 가시든지 알아서 가십시오." 하면서 문을 따 줘서 짐 가지고 나왔습니다.

수원교도소 정문이 열리자, 우리 교인들이 차를 대절해 와서는 두 줄로 죽 서서 "할렐루야!" 하는데 굉장히 끝내주게 좋습디다. 그때 저는 이런 생각을 했습니다. 얼마나 감사하고 좋았는지 '아하, 성도가 이 세상에서 사명과 수고를 다 끝낸 뒤, 천국 문이 열릴 때에 베드로 사도가 천국 문 열어주면서 "김진홍 목사, 땅에서 수고했다" 할 때, 이같이 좋지 않을까.' 하는 생각을 했습니다.

입시생이라도 주일은 지킵시다

우리가 땅에 사는 동안에 마음을 합하여 부르짖을 때에 들으시는 분이 우리 하나님이십니다. 그 하나님에 대한 신뢰와 확신이 기도의 출발입니다.

수험생들은 공부에 바빠서 한 가지를 등한시하기 쉽습니다. 바로 기도 생활입니다. 저는 고3이라고, 입시 공부에 바쁘다고, 주일날 교회를 안 나오는 학생들을 좀 멍청하게 봅니다. 먼저 그 부모들이 멍청하고, 본인도 멍청하고, 합해서 멍청한 집안이라고 생각합니다.

입시 때문에 주일에 공부만 하는 일은 하나님이 우리에게 정해 놓으신 삶의 리듬, 바이오리듬에 맞지 않습니다. 주일 하루, 하던 공부를 놓고 교회 와서 경건하게 예배드리고, 공부를 다 잊고 하나님 만나는 시간을 가지는 것이 훨씬 더 공부가 잘 되고, 진도도 더 빨리 나가고, 성적을 올릴 수 있다는 점을 모릅니다. 책상에 앉아서 책 붙들고는 있지만 온갖 공상은 다하며 진도도 안 나가면서 공부한답시고 우물우물 교회를 가지 않습니다. 영적으로도 손해고, 실력도 손해고 남는 게 있겠습니까?

공부가 소중하면 소중할수록 다음의 말씀을 더 가까이 실천 할 수 있어야 합니다.

진실로 다시 너희에게 이르노니 너희 중에 두 사람이 땅에서 합심하여 무엇이든지 구하면 하늘에 계신 내 아버지께서 저희를 위하여 이루게 하시리라 (마태복음 18:19)

두 사람이 합심해서 기도하면 하늘에서 이루어 주신다고 했습니다. 합심 기도가 중요합니다.

여러분, 학급이나 학년별로 모여 기도하는 모임을 가져야 합니다. 합심해서 기도하는 삶이 없으면 응답 받는 역사가 없습니다. 그러면 믿음에 힘이 없습니다. 약간만 어려움을 당해도 뿌리째 흔들려서 전혀 신앙인답지 못하게 됩니다.

미칠 지경이 된 기도 응답

제가 서울에서 석방된 두 달 뒤에 철거가 시작됐습니다. 철거될 때에 서울 판자촌 철거민들이 갈 데가 없으니까 이 남양만 갯벌에 내려왔습니다. 거기에서 5킬로미터쯤 가면 바다를 막은 둑이 있습니다. 그 바다를 막아서 960만 평 땅이 생겼습니다. 거기에 우리 1,200세대가 들어와서 15개 마을을 세우고 교회 일곱을 세웠습니다.

처음 내려와서 개척할 때의 이야기를 하고 싶습니다.

첫해, 논농사를 지으려 하는데 전부 소금 땅입니다. 소금 땅에서 소금을 걸러 내야 농사를 지을 수 있습니다. 삽을 들고 소금 땅에

도전해서 소금물을 걸러 내는 데 한겨울에 일하니까 손등이 다 얼고 터져서 손등에서 피가 흘렀습니다. 그 피를 빨아 먹으며 그렇게 일했습니다. 소금기에 녹아서 손톱 열 개가 다 뒤로 젖혀졌습니다. 그걸 붕대로 싸매 가면서 그렇게 개척을 했습니다. 드디어 모내기 철이 되어 씨를 뿌렸는데 농수산부 장관이 저에게 공문을 보냈습니다.

◆ 활빈교회 목사님 귀하

"금년에 남양만 간척지에는 염분이 너무 높아서 도저히 수확이 불가능하므로 파종하지 마시기 바랍니다. 만일에 파종해서 농사가 수확이 되지 않을 경우에 우리 정부로서 책임질 수 없습니다."

제가 그 편지를 보고, 한 마을에 두 명씩 열다섯 마을의 대표 30명을 교회당에 불러서 회의를 열었습니다. "농수산부 장관이 금년에 농사지을 수 없다는 편지를 보내왔는데 여러분 각자 의견들을 말씀해 주십시오." 그랬더니 한 분이 "목사님, 일이백 세대도 아니고 천이백 세댄데 금년에 농사 안 지으면 어떻게 합니까? 금년 농사 안 지으면 가을에 가서 전부 거지가 될 판인데 떼거지 되면 목사님, 거지 왕초 하실라요? 어쩌실라고 그럽니까?"

그래서 제가 말했습니다. "그러니까 우리가 의논하는 거 아닙니까. 터놓고 얘기들 해 보십시오." 그러자 또 어떤 집사님 한 분이

"목사님, 농사를 언제는 농수산부 장관이 지었습니까? 하늘님이 지으시는 거지. 대한민국 정부가 하라는 거 거꾸로만 하면 성공한다니까, 농사짓지 말라는 거, 그건 틀림없이 지으면 되겠네요. 그건 지으면 백발백중이겠습니다. 우리가 믿고 해 봅시다!" 그러자 모두, "좋습니다! 죽기 아니면 까무러치깁니다. 합시다!" 하고 모를 심었습니다. 볍씨를 뿌려 모를 길러 내어 모내기 철에 심었는데 첫 번째 심었더니 다 말라 죽었습니다. 두 번째 심은 모도 다 말라 죽었습니다. 세 번째 심을 때는 모포기를 꽂을 때마다 기도했습니다.

"하나님, 이 모 죽으면 우리는 떼거지가 됩니다. 교회 믿고 모두 내려왔다가 거지가 되면 하나님께 어떻게 영광을 돌리겠습니까? 하나님, 죽은 나사로도 살리셨는데 이 모 좀 살려 주십시오."

그렇게 기도하면서 심었습니다.

세 번째 모심기를 끝내 놓고 날만 새면 들에 나가서 밤새 모가 살았을까 죽었을까 살폈는데, 그 들이 17킬로미터입니다. 40리가 넘습니다. 그 넓은 들이 새빨갛게 타들어 죽어 가는 것입니다. 어디 한 군데 푸르게 살아 나오는 곳이 없었습니다. 새빨갛게 타들어 가니까 얼굴에 수심만 어리고 걱정이 되어서 웃음을 잃었습니다.

제가 하도 기운 없이 앉아 있으니까 주민들이나 교인들이 제 얼굴을 보고 "아이고, 목사님이 낙심한 거 보니 희망도 없다. 일찌감치 서울로 떠나자." 하며 이사 가려는 사람도 생기고 문제가 심각해졌습니다. 그때 제가 생각을 고쳐먹었습니다. '이러면 안 되겠다. 용기를 내야지. 지도자가 되려면 용기를 내야지.' 그리고 억지로 웃으면서 골목골목을 다녔습니다.

싱글벙글 웃으면서 "여러분, 힘냅시다. 망하는 게 급합니까? 언제든지 망할 기회는 많으니까, 한번 일어서서 다시 합니다." 하면서 일부러 웃고 다니니까, 나중에는 얼굴 근육이 다 당기고 아프고 그래요. 영화배우들은 그걸 어떻게 하는지 참 힘들겠습니다. 사람이 억지로 웃는 게 힘들어요.

비를 주십시오!

그래서 네 번째 도전을 했습니다. 모가 없으니까 트럭을 불러와서 모를 얻으러 아침에 전부 사람을 내보냈습니다. 논들로 가다가 남은 모 있으면 얻어 오기도 하고 사 오기도 하고, 정 주인이 없으면, 짐짓 '그래, 지금은 할 수 없는 거야'라며 스스로 타이르곤 그냥 뽑아와 버리라고 했습니다.

저녁에는 모를 한차씩 싣고 들어왔습니다. 그렇게 네 번째 심기를 끝내는 날, 모든 사람들이 모내기가 끝난 뒤 논둑에 앉아서 기도를 했습니다. 신기한 것은 예수 믿지 않는 사람들까지 다 모여서 기도했습니다. 우리 믿는 사람만 기도하는 것이 아니라, 급해지니까 예배당에 나오지 않는 사람들도 같이 앉아서 합니다.

"야, 이 사람들아, 하늘님한테 좀 굽히소. 이거 어떻게 살길을 열어야지요."

기도 제목은 한 가지입니다.

"비를 주십시오!"

하늘에서 비가 와 논바닥에 소금물을 확 씻어 주고 햇볕을 가려 주어야 모가 뿌리를 내립니다. 그렇지 않고 하늘에 햇볕만 쨍쨍 쪼이니까 논바닥까지 찼던 물이 뜨거워져 소금기가 끓어올라 모 뿌리가 다쳐 다 죽어 버리는 것입니다. 비가 와야 되는데 하늘에는 구름 한 점 없고 별만 총총하니까 얼마나 답답합니까?

제가 주민들 사이에 앉아서 기도를 하는데 초등학교 3,4학년 어린아이들도 학년별로 끼리끼리 둘러앉아서 하늘을 쳐다보면서 애들이 기도를 하는데요, 그 어린 아이들이 고사리 손을 움켜쥐고 새까맣게 그을린 얼굴로 "예수님, 비를 주시옵소서." 하고 하늘을 쳐다보고 기도하는데 저는 마음이 약해서 그걸 보니 얼마나 눈물이 나던지, 지도자인 제가 울 수도 없고 바닥 풀에 숨어서 울었습니다.

바닥 풀 속에 들어가서 주먹으로 갯벌 바닥을 치다가, 가슴을 치다가 "예수님, 우리 어른들 기도는 안 들어주시더라도 저 애들 기도 좀 들어주셔야 되겠습니다. 저 애들 기도 응답 못 받고 네 번째 심은 모가 다 죽어 버리면, 우리는 어떻게든 살아 나가겠지만 저 애들한테 하나님 살아 계시는 것을 제가 무엇으로 설명을 하겠습니까? 하나님께서 살아 계셔서 우리의 합심하는 기도를 들으신다는 걸 보여 주시옵소서." 하고 간절히 기도했습니다.

그러자 그날 새벽 해 뜰 때쯤 되니까 빗방울이 후두둑 떨어지기 시작했습니다. 빗방울이 떨어지기 시작하더니 금세 소나기로 변했습니다. 그 소나기가 열흘 동안 좍좍 내렸습니다. 밤새 기도하다가 새벽에 비가 쏟아지니까 그 마을 사람들이 "야, 비 온다!" 하고 기뻐서 뛰고 뒹구는데 굉장했습니다. 동네 사람들이 갯벌에서 뒹구는데 제가 걱정이 됩디다. 저 사람들이 미쳐 버린 것이 아닌가 싶을 정도였습니다.

서울 할렐루야교회를 다니는 나연숙이라는 시나리오 잘 쓰는 작가가 있습니다. 그 작가가 우리 활빈교회 이야기를 〈고향〉이라는 일일 연속극으로 만들었습니다. 임동진이라는 분이 제 역을 맡았습니다. 마지막 회에 밤새 기도하다가 비 쏟아지는 장면이 나왔습니다. 우리 교인들이, 우리 이야기를 배우들은 어떻게 연기하는가 하고, 마침 수요일이라 모두 모여 봤습니다.

밤새 기도하다가 새벽에 비가 쏟아지니까 배우들이 "야! 비 온다" 하면서 기뻐 펄펄 뛰는데, 정작 본인들이 보니 얼마나 어색했겠습니까? 저희 교인들이 그걸 보고 "어이구, 저걸 연기라고 하나? 저 배우들 형편없네, 저래서 밥 먹고 사냐? 목사님! 다음에는 우리 직접 나갑시다! 안되겠습니다." 하면서 웃었습니다.

열흘간 비가 끝난 뒤에 들에 나갔더니 그 넓은 들에 모가 새파

랗게 살아 올라왔습니다. 얼마나 기쁘고 감사했겠습니까? 논길을 걸으면서 벼 포기에 입을 맞추고 "참 아름다워라 주님의 세계는…." 찬송을 불렀습니다. 얼마나 감사한지 "하나님, 이것만 해도 제가 평생 감사드릴 수 있겠습니다. 예수님, 벼가 가을에 수확이 안 돼도 지금 이것만 해도 평생 감사합니다." 하고 감사 기도를 드렸습니다.

그해 풍년이 들었습니다. 추수감사절 예배를 온 동네 사람들이 활빈교회에 다 모여서 드렸습니다. 햅쌀밥에 매운탕, 국 끓여 먹으면서 저희 교인들도 농민들도 모두 울었습니다.

"이 밥이 웬 밥이냐?"

이 밥은 우리가 농사지은 밥이 아니라는 거지요. "하나님이 우리 기도에 응답하셔서 허락하신 밥이다. 하나님이 주신 밥 실컷 먹자! 실컷 죽을 작정하고 먹자. 이 사람들아. 먹다 죽은 귀신은 혈색도 좋다더라!" 하고 열심히 먹었습니다. 두 그릇 세 그릇 막 갖다 먹었습니다. 이것이 저희가 개척민으로서 살아오면서 합심 기도해서 응답받았던 저희들의 역사입니다.

여러분은 농사짓는 사람은 아니지만, 여러분의 가정, 교회, 학교, 친구들 사이에 합심해서 기도해야 할 제목이 얼마나 많습니까? 합심해서 기도함으로 하나님의 응답을 받아 하나님께 영광 돌리는 신앙이 서시기를 바랍니다.

믿었는데 왜 안 될까요?

우리는 왜 '믿는다' 하면서 믿음에 힘이 없습니까? 마가복음 9
장에 그 이유가 있습니다. 마가복음 9장에 보면 예수님의 변화산
상의 이야기가 나옵니다.

예수님께서 세 제자를 데리시고 변화산에 올라가셨는데 그동안
에 예수님 제자 아홉 명이 산 아래에 있었습니다. 주민들 중에서
한 분이 벙어리 귀신 들린 소년을 데려왔습니다.

예수님께서는 "믿는 자에게는 능치 못할 일이 없다." 하셨습니
다. 그래서 제자들이 믿고 "벙어리 귀신아, 물러가라." 하고 기도했
습니다. 그런데 물러가지 않았습니다. 제자들은 당황했습니다. 아
주 낭패를 봤습니다.

> 귀신이 저를 죽이려고 불과 물에 자주 던졌나이다 그러나 무엇을 하
> 실 수 있거든 우리를 불쌍히 여기사 도와 주옵소서 예수께서 이르시
> 되 할 수 있거든이 무슨 말이냐 믿는 자에게는 능치 못할 일이 없느
> 니라 하시니 (마가복음 9:22~23)

그 병든 아이의 아버지의 말에 대해서 예수님께서는 분명히 대
답하셨습니다.

참 이상하지요? 예수님은 분명히 "믿는 자에게는 능치 못할 일

이 없느니라"고 하셨는데 우리에게는 능치 못할 일이 많이 있습니다. 그렇지요? 이상합니다. 우리는 믿는 사람인데도 능치 못할 일이 많습니다.

그러면 둘 중의 하나입니다. 예수님의 말씀이 잘못됐을까요? 우리의 믿음이 잘못됐을까요? 우리 믿음에 문제가 있는 것입니다. 무슨 문제가 있을까요? 예수님의 제자들이 그날 저녁에 '그것'을 물었습니다.

"선생님, 우린 믿었는데 왜 안 됩니까?"

이 말에 아주 중요한 대답을 하셨습니다.

집에 들어가시매 제자들이 조용히 묻자오되 우리는 어찌하여 능히 그 귀신을 쫓아내지 못하였나이까 (마가복음 9:28)

"우리는 믿었는데 왜 안 됩니까?" 하는 말입니다. 지금 우리도 그런 질문을 가지고 있습니다.

"내가 믿었는데 왜 안 됩니까?"

주님이 대답을 하셨습니다.

이르시되 기도 외에 다른 것으로는 이런 유가 나갈 수 없느니라 하시니라 (마가복음 9:29)

믿음으로 가능한데 그 믿음에 조건이 있습니다. 무슨 조건입니까? 기도가 뒷받침되는 믿음이라야 능력이 나타난다는 뜻입니다.

기도가 뒷받침되는 믿음! 기도가 뒷받침되지 않는 믿음은 믿음에도 불구하고 현실적으로 능력이 나타나지 않습니다.

여러분은 다 믿는 학생들입니다. 믿는 신앙인들입니다. 그러나 기도 생활이 뒷받침되지 않는 믿음은 우리의 현실 속에서 능력을 나타내는 데 제한되어 있다는 것을 알아야 합니다.

하나님은 진작부터 준비하셨습니다

앞서 말한 이스라엘 신앙고백의 핵심이 출애굽기 2장 23절에 다시 나옵니다.

> 여러 해 후에 애굽 왕은 죽었고 이스라엘 자손은 고역으로 인하여 탄식하며 부르짖으니 그 고역으로 인하여 부르짖는 소리가 하나님께 상달한지라 (출애굽기 2:23~24)

부르짖는 소리가 하나님께 들렸다고 했습니다. 부르짖을 때 들으시는 하나님이십니다.

> 하나님이 그 고통 소리를 들으시고 아브라함과 이삭과 야곱에게 세운

그 언약을 기억하사. 이스라엘 자손을 권념하셨더라 (출애굽기 2:24
~25)

돌보셨다는 말은 '어머니가 갓난아기를 돌본다'고 할 때 쓰는 단
어입니다. 영어로 'care for'입니다. 어머니가 아기를 돌보듯이 하
나님이 우리를 돌보십니다. 이스라엘이 고난 중에 부르짖었을 때
하나님께서 어떻게 돌보셨을까요? 이스라엘 백성들은 애굽의 바
로 왕에게 학대를 받았습니다.

그러나 학대를 받을수록 더욱 번식하고 창성하니… (출애굽기 1:12)

그러나 이스라엘 백성들은 애굽 왕의 학대를 받으면 받을수록
더 부흥했습니다. 그 비결이 어디 있겠습니까? 하나님을 믿는 믿
음에 있습니다. 그 믿음은 고난과 역경이 올수록 더 정신적으로
영적으로 낙심찮고 왕성해졌습니다.
그러자 애굽의 바로 왕이 못된 짓을 했습니다.

그러므로 바로가 그 모든 신민에게 명하여 가로되 남자가 나거든 너
희는 그를 하수에 던지고 여자여든 살리라 하였더라 (출애굽기 1:22)

멸종 정책을 썼습니다. 이스라엘이 하나님만을 섬기고 애굽의

신을 섬기지 않자 그들의 어린아이들을 나일 강 강물에 던지라고 명했습니다.

왜 나일 강 강물에 던지는지 아십니까? 애굽 왕이 섬기는 신이 나일 강 수신(水神)입니다. 여호와 하나님을 섬기는 이스라엘 백성들이 낳은 아들을 나일 강에 던지는 것은, 애굽 왕이 섬기는 나일 강 수신에게 제물을 바치는 행위가 됩니다.

이스라엘 백성들의 부르짖음이 하늘에 닿았습니다. 하나님께서 어떻게 응답하시는가를 보겠습니다.

레위 족속 중 한 사람이 가서 레위 여자에게 장가들었더니 (출애굽기 2:1)

이스라엘 백성들의 기도 응답으로 한 남자와 한 여자가 결혼을 했습니다. 이 사람들이 누구겠습니까? 그들은 모세의 어머니와 아버지입니다.

그런데 이상하지요? 이스라엘 사람들이 나일 강 강물에 막 던져지는 굉장히 급한 상황인데, 하나님은 있는 사람 중에 지도자를 뽑아서 앞장서라고 하지 않으셨습니다. 하나님의 기도 응답은 있는 사람 다 제쳐 놓고, 새로 아기를 낳는 데서부터 시작하셨습니다.

아기를 낳을 처녀 총각 결혼식부터 시작합니다. 하나님은 그렇게 일을 천천히 하십니다. 사람은 급하지만 하나님의 역사는 급하지 않습니다. 우리 한국 사람은 세계에서 유명할 정도로 성질이 급합니다. 그러나 하나님은 급하지 않으십니다. 하나님은 천천히 하십니다.

이스라엘 백성들은 죽게 되어 참 급한데, 하나님은 어른 중에 뽑아서 세우지 않고 새로 아기 낳을 남자 여자 결혼식부터 시작하셨습니다. 언제 임신하고, 언제 낳고 키워서, 언제 지도자가 되겠습니까? 그러나 이것이 하나님의 일하시는 방법입니다.

이를 두고 영어 속담이 하나 있습니다. 'God takes time(하나님은 시간이 걸린다).' 사람은 급하지만 하나님은 그렇지 않으십니다. 시간이 걸립니다.

살인범 모세

그 여자가 잉태하여 아들을 낳아…… (출애굽기 2:2)

아기를 굉장히 빨리 낳았지요? 1절에 결혼했는데 2절에 아기를 낳았습니다. 그러니까 사람이 하는 일은 굉장히 빨라요.

아기를 낳았는데 잘생긴 아들입니다. 이 아들을 석 달 동안 숨겨 봤는데 더 이상 못 숨기고 석 달 만에 갈대 상자에 담아서 나일 강물에 버렸습니다. 그런데 바로 왕의 공주가 강물에 수영하러 나왔다가 그 아기를 주워서 양자로 삼았습니다. 그래서 모세가 바로 왕 궁궐에 들어가서 공주의 양자가 됐습니다.

그 후 그는 40년을 공부했습니다. 지도자가 되는 코스를 다 밟았습니다. 지도자 코스, 그것을 '제왕학'이라고 합니다. 왕이 되는 데 필요한 모든 코스를 다 밟았습니다. 40세가 되었을 때 세상 학문을 다 마친 모세의 수준은 오늘날로 말하자면 서울 법대 나오고, 일반 대학원 나오고, 국방대학원 나오고, 경영대학원을 다 졸업한 셈입니다.

여러분 중에 대학 가는 것으로 모든 것이 다 이루어졌다고 착각하는 분 없겠지요? 모세는 40세까지 왕궁에서 공부를 다 마스터했습니다만, 그의 수준을 11절이 이야기합니다.

모세가 장성한 후에 한번은 자기 형제들에게 나가서 그 고역함을 보더니 어떤 애굽 사람이 어떤 히브리 사람 곧 자기 형제를 치는 것을 본지라 좌우로 살펴 사람이 없음을 보고 그 애굽 사람을 쳐죽여 모래에 감추니라 (출애굽기 2:11~12)

한번은 길거리에 나갔는데 애굽 노동 감독관이 자기 이스라엘 동족을 때리는 것을 보고, 요즘 말로 열 받았습니다. 화가 나서 "그럴 수 있어? 하나님의 백성을 왜 애굽 공무원이 치는 거야?"

정의감이 불탔습니다. 그래서 어떻게 했습니까?

"좌우를 살펴 사람이 없음을 보고" 무슨 뜻입니까? 계획적으로 살인했다는 것입니다. 홧김에 탁 쳤다는 것이 아니라 다 살펴보고 뒤탈 없을 것을 확인하고, 그 다음 어떻게 했습니까?

"그 애굽 사람을 쳐 죽여 모래에 감추니라"

우리나라로 말하자면 서울대에 경영대학원까지 다 마치고 일 좀 해 보려고 길에 나왔는데 전투경찰이 데모하는 운동권 학생을 길에서 때리는 겁니다. 어찌 화가 나는지 그 전투경찰 급소를 때려 죽이고 죽은 경찰을 하수도에다 넣어 버렸다는 말입니다.

감쪽같이 끝났다고 생각했는데 발각이 나 버렸습니다. 완전범죄가 없다고 하지 않습니까? 발각이 났습니다. 졸지에 모세는 살인범이 됐습니다. 바로 왕의 공무원을 현장에서 죽였으니, 이는 신분의 고하를 막론하고 사형감입니다.

'게르솜'은 모세의 신세타령입니다

모세는 도망을 쳤습니다. 요즘 말로 하면 정치 망명을 했다고나 할까요? 사막을 넘어 호렙 산 기슭에 사는 어떤 제사장의 딸과 결혼해서 거기서 세월을 보냅니다. 다시 40년의 세월을 보냅니다.

왜 두 번째 40년이 필요합니까? 첫 번째 40년은 바로 왕의 왕궁에서 세상 학문 다 마스터했습니다. 그러나 아무리 우수한 엘리트 코스를 밟아도 세상 공부로는 세상 지도자는 몰라도 하나님 백성의 지도자는 못 됩니다. 그래서 두 번째 교육이 필요했습니다.

이번에는 하나님을 스승으로 모시고 광야에서 교육을 받았습니다. 그런데 모세는 그것이 하나님의 교육인 줄 모르고 받았습니다.

> 모세가 그와 동거하기를 기뻐하매 그가 그 딸 십보라를 모세에게
> 주었더니 그가 아들을 낳으매 모세가 그 이름을 게르솜이라 하여
> 가로되 내가 타국에서 객이 되었음이라 하였더라. (출애굽기 2:21
> ~22)

아들을 낳아서 '게르솜'이라고 이름 지었습니다. 모세의 아들 이름 '게르솜'은 깊은 영적인 뜻이 있습니다. '게르솜'이란 말은 '내 나그네 길에 아무 덧없는 세월이 흘러간다'는 뜻입니다.

하나님께서 자기를 그런 실패와 좌절을 통해서 하나님이 영적인 사람으로 교육을 시키신다는 것을 모세는 몰랐습니다. 그렇기 때문에 그런 이름을 지어 놓곤 신세타령을 한 것입니다. 아들 이름을 게르솜이라 지어 놓고 아들 이름을 부를 때마다 '아이고, 내 신세야, 내 타향살이 40년, 덧없는 세월이 흘러가는구나!' 하고 자기 신세타령을 합니다. 아무 덧없는 세월이 흘러간다며 말입니다.

대학입시에 떨어지는 학생이 여러분 중에 나옵니다

여러분, 죄송한 얘기지만 여러분 중에는 대학시험에 떨어지는 학생이 틀림없이 있습니다. 그 말이 기분 나쁘십니까? 과학적인

통계를 보더라도 떨어지게 되어 있습니다. 네 사람이 시험 쳤으면 세 사람은 떨어집니다. 그렇지요? 그러니깐 떨어지는 쪽이 더 많습니다. 왜 떨어졌느냐고 울고불고 하지요? 모세는 그런 처지를 게르솜이라고 표현했습니다.

다른 친구들은 다 진학해서 올라가는데 나만 낙방을 했습니다. 멍청한 것 같고 낙오자가 된 것 같고 아무 덧없이 1년을 또 기다려야 합니다. 그게 게르솜입니다.

그러나 영적으로 하나님의 훈련계획이 그 속에 들어있었습니다. 하나님 편에서는 결코 헛된 세월이 아닌 것입니다. 호렙 산 밑에서 양떼를 먹이던 그 헛된 시절은 다음 단계로 이어주는 하나님의 교육 프로그램입니다. 그것이 게르솜의 시절입니다. 그 시절을 지나서 드디어 '하나님의 때'가 왔습니다.

처음 애굽 왕궁에서 40년.

게르솜의 시절 40년.

합쳐서 80년이 되었을 때 '하나님의 때'가 됐습니다.

79세까지도 하나님은 허락하지 않으셨습니다.

왜 그렇습니까? '하나님의 때'라는 것은 무엇입니까? 하나님이 영적으로 모세를 지도하시는 영적인 때를 말합니다. 그것을 모세가 알았으면 감사를 드렸겠지요. 그러나 모세는 몰랐기 때문에 하도 답답하고 지겨워서 아들 이름을 게르솜이라고 지어놓고 그렇게 불렀습니다.

드디어 '때'가 왔습니다.

모세가 그 장인 미디안 제사장 이드로의 양 무리를 치더니 그 무리를
광야 서편으로 인도하여 하나님의 산 호렙에 이르매, 여호와의 사자
가 떨기나무 불꽃 가운데서 그에게 나타나시니라… (출애굽기 3:1~2)

하나님의 산 호렙에서 양 떼를 치고 있었습니다. 그때 드디어
하나님께서 모세에게 나타나셨습니다.

어디에 나타나셨습니까?

왜 떨기나무입니까?

떨기나무는 나무 중에서 제일 못난 나무입니다. 불쏘시개밖에는
못하는 나무입니다. 우리나라에서는 보통 아카시아라고 합니다.
사람으로 말하면 잘난 사람에게 임하지 않고 사람 중에서 시원찮
은 사람에게 하나님께서 임하시고 사명을 주시는 셈입니다.

여러분, 하나님은 잘난 사람만 사랑하시는 것이 아닙니다. 나무
중에 하찮은 나무, 떨기나무에 임하신 하나님이십니다. 백향나무,
향나무, 오동나무, 좋은 나무가 많습니다. 왜 이왕이면 하나님은 좋
은 나무에 임하지 아니하시고 나무 중에 후진 떨기나무에 임하셨겠
습니까? 영적으로 우리는 그것을 받아들여야 합니다.

여러분, 착각하시면 안 됩니다. 서울대, 고대, 연대 들어갔다고
성공하고 출세하는 것도 아니고 후진 삼류 대학 갔다고 그 사람

이 빛을 못 보는 것도 아닙니다. 나무로 말하면 잘난 나무만 쓰임 받는 것이 아닙니다. 교회에서도 학벌을 가지고 따지기 쉽습니다. 서울대학교 따로 모이고, 고려대학교 따로 모이고, 그러기 쉽습니다.

여러분, 하나님 앞에서는 그런 것이 통하지 않습니다. 모세가 궁궐에서 받은 최고 엘리트 교육을 가지고는 하나님의 일에 쓰임 받지 못했습니다. 필요 없었다는 것이 아니라 그것으로는 굉장히 부족했다는 것입니다.

그래서 하나님께서는 40년의 영적 교육을 다시 시키신 후에 떨기나무에 나타나신 것입니다. 나무 중에 그것도 제일 덜 떨어진 나무에 나타나셨습니다.

저는 3류 대학 출신입니다

저는 대학을 대구에 있는 계명대학교를 나왔습니다. 아마 3류 대학일 겁니다. 옛날에 4류였는데 좀 진급해서 3류쯤 됐을 거예요.

저는 계명대학교 철학과를 나왔는데, 그 학교 나온 것을 얼마나 자랑스럽게 생각하는지 모릅니다. 왜 그런가 하면 워낙 대학 시절을 충실하게 보냈기 때문입니다. 워낙 공부도 열심히 해서 교수님들도 저를 키워주려고 애를 쓰셨습니다.

저는 대학 시절에 공부를 착실하게 했기 때문에 지금도 계명대학교에 대해서 긍지를 가지고 있습니다. 굉장히 자부심을 가지고 있습니다. 제가 그때 지방 대학으로 안 가고 서울대학교나 연세대학교로 갔으면 지금 같은 영적인 이런 자리에 오지 못했을 거라고 믿고 있습니다. 그래서 참으로 감사합니다.

좋은 대학에 합격됐다고 대학 때문에 뽐낼 것도 없고 이류나 삼류 갔다고 대학 때문에 기죽을 것도 없습니다. 또 대학 못 갔다고 비관할 것도 없습니다.

여러분, 정주영 회장 아시지요? 저는 정주영 회장을 좋아합니다. 그 양반은 초등학교밖에 안 나왔습니다.

"사나이라고 꼭 대학 나올 거 없다! 고등학교 나와서 대학 졸업생들 쓸 줄만 알면 되는 거지, 뭐 하러 대학에서 공부하나?"

정주영 회장은 종종 그런 말을 합니다. 한번은 대학생들 모임에 가서 "나도 고려대학교 다녔어!" 그러니깐 학생들이 초등학교 밖에 안 나온 것을 아는데 대학 다녔다고 하니까 "와!" 하자 "내가 거짓말하는 줄 알어? 고려대학교 도서관 지을 때 인부로 다녔단 말이야." 그랬답니다.

학벌이 문제가 아닙니다. 중요한 것은 '자기의 신앙, 신념과 사상'입니다. 뜻을 가지고 사는 사람이라면 초등학교만 나오면 어떻습니까?

일부러 틀려라

제게 아들 둘이 있는데 큰아들은 공부를 잘합니다. 한번은 일곱 과목에 700점을 받아왔기에 제가 뭐라고 그랬습니다.

"야, 너무 100점만 맞는 거 아니냐? 좀 틀려라." 그랬더니, "아빠 왜요? 아는 걸 왜 틀려요?" "네가 100점만 맞으면 네가 잘못될까 봐 걱정 되서 그런다. 교실에서 100점만 맞으면 나는 항상 100점짜리 줄 알고 세상 나가서도 100점 맞을 것으로 착각한단다." 하고 얘기해 주었습니다.

세상 나가서도 100점이 됩니까? 세상 나가서는 50점도 되고 30점도 됩니다. 그러니까 학교 다닐 때부터 100점만 중요하다는 생각은 가지지 말아야 합니다. 내리막도 경험하면서 살아야 합니다. '나는 100점 될 가능성과 70점 될 가능성을 다 같이 가지고 있다'는 것을 알고 살아야 됩니다.

'수석 병'이라는 병이 있습니다. 저는 그것을 잘 압니다. 저는 초등학교 1학년 때부터 대학 졸업할 때까지 변두리 학교를 다녔지만 거의 수석을 했습니다. 그래서 저는 수석 병을 잘 이해합니다. 수석만 하던 사람은 어디서든 1등을 못하고 2등을 하면 병이 생깁니다.

1991년 5월에 고등학교 2학년 목사님 딸이 아파트 옥상에서 떨어져 자살을 했습니다. 그런데 그 여학생은 초등학교 때부터 고등학교 1학년 때까지 전교 수석만 했습니다. 전교 수석만 하다가 생전 처음으로 전교 2등을 했습니다. 전교에서 2등 했다고 떨어져 죽었습니다. '엄마, 공부가 너무 힘들어요'라는 유서를 남기고 죽었습니다.

너무 1등, 1등 하면 사람 잡는 겁니다. 1등만 한다고 그 사람 인생이 1등만 하는 것도 아니고 신앙에 1등 하는 것도 아니고 인격이 1등 하는 것도 아닙니다. 그래서 아들한테 좀 틀리라는 겁니다.

"좀 틀려라. 다 알아도 뒤에 한 문제쯤 틀려라." 그랬더니 그 다음에 90점을 받아왔습니다. 엄마가 시험지를 보고 "얘! 너 아는 걸 왜 틀렸니?" 하고 묻자, 아들 하는 말이 "아빠한테 물어 봐." 하기에, 저는 교육에 성공하는구나 하고 마음을 놓았습니다.

그런데 둘째 아들은 30점을 받아왔습니다. 우리 가문에 30점은 없었습니다. 하도 신기해서 "야, 우리 집안에 30점이 다 나오냐? 너 인물이네, 인물! 30점 하기가 쉽냐? 어떻게 30점 받았냐?" 그랬더니 이 아이가 제 눈치를 보고 기가 죽는 겁니다. 그래서 "너, 걱정할 거 없어. 20점도 괜찮고 30점도 괜찮다. 너 할 수 있는 만큼만 해라. 그리고 혹시 공부가 취미 없으면 학교는 초등학교만 졸업해도 안 되겠냐. 혹시 양계에 취미 있을지 모르니까, 공부 마치고 나서 양계장에 올라가 형들한테 닭 먹이는 거 배워라. 너한테는 양계가 맞을지도 모르겠다."

그랬더니 아이 엄마가 "목사 아들이 어릴 때부터 양계장 주인 해서 되겠습니까?" 하기에 "아, 이 사람아. 왜 그래? 닭 3만 마리가 존경하고 따르는데 뭐가 어때서 그래? 군대로 하면 사단장이오."

그렇지 않습니까? 닭을 1만 마리를 잘 먹이면 월 수입 600만 원입니다. 대학 나왔다고 누가 600만 원을 받습니까? 그런데 초등학교를 나와도 신앙과 신념과 뜻을 가지고 양계만 하나 잘해도, 제대로만 하면 얼마나 괜찮은 겁니까? 좋은 학교 들어갔다, 못 갔다, 그걸 가지고 목을 매고 죽고 살 게 아니라는 겁니다.

하나님은 오동나무, 백향나무 같은, 좋은 나무에만 임하시는 게 아니라 나무 중에 후진 나무, 떨기나무에도 임하셔서 거기에서 모세를 부르셨다는 것을 깊이 생각을 하시기 바랍니다. 물론 좋은 학교에 순탄하게 들어가면 그것 또한 감사한 일이지만 그렇지 않고 낙방했다 해서 걱정할 일이 아닙니다.

재수생이 더 성공합니다

두레마을에는 해마다 2월이 되면 5박 6일 동안 재수생 수련회가 있습니다. 월요일부터 시작해서 토요일이면 끝납니다. 하루의 절반은 직접 나가 노동을 하고 나머지는 성경공부를 하는 재수생 수련회입니다.

재수생들은 낙심을 하고 신경쇠약에 걸리고, 집안은 초상집이 됩니다. 그러나 통계로 봐서 재수생이 훨씬 더 출세율이 높습니다. 같은 학년에서 그냥 올라간 학생보다 한두 해 실패하고 올라간 사람은 훨씬 더 정신 연령이 높아져 다른 학생들이 가지지 않았던 고민을 하면서 자랍니다.

그래서 한두 해 대학은 늦게 입학하지만 오히려 좋은 성적을 냅니다. 대학 졸업한 뒤에도 더 빨리 사회에 진출합니다. 정신연령이 그만큼 깊어졌기 때문에 재수생은 성공률이 훨씬 높습니다.

제가 어떻게 잘 아는지 아십니까? 저도 재수생 출신이기 때문에 잘 아는 겁니다. 재수생 시절에는 2~3월쯤 되면 죽어버리고 싶은 생각이 듭니다. 세상천지에 자기가 가장 무능력한 것 같고, 부모 눈치 보이고 같은 또래의 학생이 배지 달고 교회 나오는 것 보면 괜히 열등감만 생기고 정신적으로 갈등이 심합니다.

그 갈등 속에서 오히려 정신이 깊어질 수 있습니다. 그러나 그것을 이기지 못하면 오히려 병이 되어 낙오자가 되는 경우가 있습니다.

그렇지만 우리는 걱정할 필요가 없습니다. 우리는 누구를 믿습니까? 하나님을 믿는 신앙인입니다. 하나님께서 섭리로 다스리십니다.

하나님은 모세의 신발에 관심이 있으셨습니다

모세는 졸지에 살인범이 되어 도망자로 40년을 덧없이 지내면서 얼마나 답답했으면 아들 이름을 '내 인생 덧없이 흘러간다'는 게르솜으로 지었겠습니까?

그러나 때가 되자 떨기나무에 나타나신 하나님께서 그를 불렀습니다.

여호와께서 그가 보려고 돌이켜 오는 것을 보신지라 하나님이 떨기나무 가운데서 그를 불러 가라사대 모세야 모세야 하시매 그가 가로되 내가 여기 있나이다 하나님이 가라사대 이리로 가까이 하지 말라 너의 선 곳은 거룩한 땅이니 네 발에서 신을 벗으라 (출애굽기 3:4~5)

참 이상하지요? 하나님께서 왜 하필이면 모세의 신발에 관심이 있으시겠습니까? 나이키면 어떻고 프로스펙스면 어떻습니까? 하나님이 왜 모세의 신발에 관심이 있으십니까? 저는 어려서부터 이 말씀을 읽고 의문을 가졌습니다.

'이상하다? 실내도 아닌데 산기슭에서 하나님이 왜 모세에게 신발을 벗으라고 하셨을까? 참 이상하다?'

그런 생각을 했었는데 제 나이 사십이 넘으면서 인생의 쓴맛 단맛, 실패도 어려움도 겪으면서 이 말씀을 깨닫게 됐습니다.

사람은 흔히들 헛된 자기 꿈과 자기 포부를 이루어 보려고 방황하는 세월을 살아가기 때문에 신을 신고 다니면서 이 골목 저 골목 온갖 데를 하루 종일 헤매고 다닙니다. 하나님의 뜻은 살피지 아니하고 자기 뜻을 이루어 보려고 인간은 신을 신고 온통 헤매고 다닙니다.

그래서 하나님께서 모세에게 네 발에 신은 신을 벗으라고 말씀하신 데에는 영적인 뜻이 있습니다.

"모세야, 너는 신을 신고 어디를 그렇게 헤매고 다니느냐? 네가 지금까지 네 자신을 추구해 온 세월의 열매가 뭐냐? 이제 너는 그만 다니고 신발을 벗고 맨발로 나에게 꿇어 엎드려서 내가 네게 주는 말을 들어라. 그리고 내가 너에게 주는 사명, 거기에 살고 거기에 죽어라."

그런 뜻에서 모세의 신발을 벗게 하신 것이라고 저는 이해를 합니다. 신을 신고 다니면서 네 자신의 꿈과 허영을 추구하고 다니지 말고, 그 꿈과 허영의 신발을 벗고 '하나님이 너에게 주는 말씀에 네 인생을 걸어라.' 그런 뜻이 이 속에 있다고 봅니다.

그때니까 신발이지요. 지금이라면 자동차일 겁니다. 하나님께서 지금 세상에서 모세를 부르신다면 신발을 벗으라고 하시지 않겠지요.

"모세야, 네 차에서 내려라." 그러셨겠죠?

"모세야, 너 소나타 타고 어디 가느냐? 어딜 그리 다니느냐? 내려라! 너 그랜저에서 내려서 내가 너에게 주는 그 사명에 살고 그 사명에 죽어라."

그런 뜻에서 말씀하셨을 겁니다.

"모세야, 너 지하철에서 내려라. 지하철 타고 어디까지 가느냐? 지하철에서 내려서 내가 너에게 주는 말씀, 거기에 살고 거기에 죽어라."

저는 그런 뜻으로 받아들였습니다.

모세는 신발을 벗었습니다.

여러분께 강조합니다. 여러분, 여러분의 지금 시기는 중요한 시기입니다. 이 시기에 여러분은 '하나님의 음성', '하나님의 뜻'을 '깨달으시기'를 바랍니다. 하나님께서 여러분을 통해서 이루고자 하시는 그 뜻, 그 말씀이 무엇인지 '신을 벗고' 엎드려서 하나님의 말씀을 깨우치기를 바랍니다.

모세는 거기에서 신을 벗고 하나님이 맡기신 사명인 이스라엘 민족의 지도자로서의 삶을 시작했습니다.

빈민촌 선교를 포기하려고

저도 신발을 벗은 적이 있었습니다. 청계천 빈민촌에 선교하러 들어갈 때에 "빈민촌에 들어갈 때는 살아서 들어가지만 나올 때는 죽어서 나온다!" 하고 큰소리 치고 들어갔습니다.

한 삼사 개월 일해 보니까 어떻게 힘이 드는지 '야, 내가 말을 잘못했네, 몇 달 해 보고 힘들면 나온다, 그럴 걸 괜히 죽어서 나온다고 그래 가지고 나가지도 못하고 들어가지도 못하고 큰일이다.' 하고 생각했습니다.

어떻게나 빈민촌 선교가 힘이 드는지요. 넝마주이하고 그러다가 제가 병이 들어 열흘쯤 앓았습니다. 더운 여름에 40도가 넘게

앓는 동안 마음이 약해지고 기운이 떨어졌습니다. '내가 빈민촌을 떠나야지. 빈민촌에 더 남아있으면 내가 명대로 못 살겠구나. 내가 빈민촌을 떠나서 건강을 유지해서 이 담에 큰 목사가 되어 가난한 사람을 그때 도와야지.' 하고 생각을 했습니다.

그래서 빈민촌을 떠나려고 활빈교회 간판을 제 손으로 내렸습니다. 짐도 묶었습니다. 용달차를 불러서 빈민촌을 떠나려고 문을 열고 밖으로 나갔더니 동네 아이들 삼사십 명이 마당에서 놀고 있었습니다.

그 아이들이 저를 보고 "선생님!" 하고 달려드는데 그 아이들 보는 데서 제가 떠날 수 있습니까? 그래서 '안 되겠다. 방에 들어가 있다가 애들이 흩어진 뒤에 떠나야지.' 하고 방에 들어가 두 시간쯤 있다가 나갔더니 그동안에 아이들이 흩어진 것이 아니라 더 불어났습니다. 다시 방에 들어와서 있다가 두 번 세 번 들락날락하는데 그날따라 아이들이 흩어지질 않았습니다. '안 되겠다. 밤에 야반도주해야지. 낮에는 못하겠다.' 하고 마음먹었습니다.

오후 3시부터 밤이 되기를 기다리다가 마지막으로 그 마을을 한 바퀴 빙 돌았습니다. 빈민촌을 이집 저집 들여다보면서 '이 사람들은 갈 데 없어서 청계천 썩는 물가에서 살아가는데, 나는 갈 데 있다고 짐을 묶어 두었구나!' 하는 생각을 하니까 얼마나 양심에 가책이 되는지 '남아 있어야 되나? 가야 되나?' 하고 주저주저했습니다. 그러다가 '아이고, 이러다가는 내가 신경쇠약 걸리겠다. 빨

리 가야지. 밤 될 때까지 기다리지 말고 가 버리자.' 생각을 하고 짐을 가지러 교회로 올라왔습니다.

모퉁이를 돌면 교회입니다. 그 모퉁이 바로 돌아 있는 집은 교회 밑이 골목이기 때문에 평소에 잘 알던 집입니다. 어린아이들이 다섯 명이 있는 집입니다. 열세 살에서 세 살까지 어린아이들이 그 집에 삽니다. 그 어린아이 다섯 명의 신발이 다 방문 앞에 흩어져 있어서 이상한 생각이 들었습니다.

'이상하다? 이 애들은 왜 교회 마당에서 애들과 놀지 않고 한낮에 방에 있을까?' 하는 생각이 들어서 "여보세요." 하고 문을 두드리고 열어 봤습니다. 그랬더니 다섯 명의 어린아이들이 방에 주욱, 나이 순서대로 누워 있었습니다. 제가 놀라서 "너희들 왜 그래? 너희들 감기 걸렸냐?" 하고 아이들 이마를 짚었더니 머리에 열은 없는데 애들이 기진맥진해 있었습니다.

그러자 열세 살 먹은 제일 큰 아이가 일어나 울면서 "선생님, 배고파요. 엄마 아빠는 사흘 전에 장사 나가시곤 안 들어오셔서 우리는 굶었어요."

그 엄마 아버지는 청계천 6가 뒷골목에서 손수레 장사하며 하루 벌어 하루 먹는 분이었습니다. 부모님이 사흘째 들어오지를 않으니까 이 아이들이 사흘 동안 굶고 쓰러져 있었던 것입니다.

형이 배고프다고 우니까 동생 네 명도 따라 앉으면서 울었습니다. 그 어린아이들이 배고파 우는 눈물을 보고 가슴이 아팠습니다. 이 세상에서 정말 가슴 아픈 일은 배가 고파 우는 어린아이의 눈물을 볼 때입니다. 저는 마음이 약해서 창자가 아픈 듯한 고통을 느꼈습니다.

그때 세 살짜리 어린아이가 일어나 앉으면서 등을 벽에 기대고 "엄마, 배고파. 배고파." 하면서 손등으로 눈물을 닦으면서 울었습니다. 저는 그 아이의 다른 쪽 눈에서 떨어지는 눈물을 보면서 생각했습니다.

'저 세 살짜리 애가 엄마를 부르면서 울고 있구나!'

그때 제가 일평생 잊을 수 없는 일이 일어났습니다.

배고픈 어린아이 눈물 속에 예수님이

배고파 우는 어린아이의 얼굴에 예수님의 얼굴이 나타나셨습니다. 저는 충격을 받았습니다. 2초 동안 예수님이 가만히 제 얼굴을 보다가 사라졌습니다.

그때 만난 예수님이 실제 예수님인지 환상인지 지금까지 잘 모르겠지만, '그 아이 눈물이 떨어질 때'에 저는 무척 중요한 것을 깨달았습니다.

'아! 예수님은 내가 이 마을에서 떠나는 것을 원치 아니하시는구나. 나를 위해서 십자가에 죽으신 예수님은 내가 나가서 훌륭한 목사가 되어 큰 일 하는 것을 원하시는 것이 아니라, 내가 이 마을

하나님은 나를 통해서 무엇을 이루길 원하시는가?

에서 예수님의 이름으로 열심히 함께 사는 것을 원하시는구나!'

그래서 저는 그 자리에서 "애들아, 여기 가만히 있어라." 하고 교회로 갔습니다. 제일 먼저, 내려놓았던 간판을 다시 걸었습니다. 그리고 묶었던 짐을 풀어놓고, 가게에 가서 국수를 사다가 끓여서 여섯 그릇을 만들어 애들과 함께 한 그릇씩 나누어 먹고 "너희 엄마 아버지 찾으러 가자." 하고 나섰습니다.

아이들 부모님은 길가에서 허가 없이 장사한다고 도로 교통법 위반으로 걸려서 동대문경찰서 유치장에 들어가 있었습니다. 열이틀을 살게 돼 있었습니다. 열이틀 감옥을 살고 나가면 그 어린 아이들이 어떻게 되겠습니까?

나중에 들은 말이, 그 어머니가 잡히자마자 경찰관에게 빌었답니다. "내가 열이틀 살고 나가면 우리 애들 굶어 죽소. 우리 동네에 활빈교회가 있으니까, 연락만 해 주소. 우리 교회가 애들을 돌봐줄 겁니다."

그러자 경찰관이 그 교회 전화번호를 주면 걸어주겠다고 했답니다. "우리 동네는 전화가 없습니다." 그랬더니 "그러면 내가 직접 심부름이라도 해야 할까?" 그러면서 아무도 연락을 하지 않았답니다.

그 엄마가 얼마나 아이들 때문에 애간장이 탔겠습니까? 그 후 사흘 만에 제가 동대문경찰서 지하실에 아이들 데리고 들어갔더니 그 부인이 유치장 안에서 통곡을 합니다.

"아이고, 내 자식들아, 굶었지? 에미 애비 못 만나 굶었지?"

어린아이들이 벽 하나 사이에 두고 엄마의 그 통곡 소리를 듣고 이내 자지러지게 울며 경찰관 다리를 양쪽에서 붙듭니다.

"아저씨요, 우리 엄마 죄 없어요. 우리 엄마 내주세요."

아이들이 자지러지게 통곡을 합니다. 그러자 경찰관이 누가 애들을 데리고 여기까지 왔느냐며 애들 옷을 잡고 강아지처럼 끌어내려 합니다. 애들이 나오기 싫다고 책상 다리를 붙들고 나뒹굴어지는 데도 경찰관은 그 고사리 같은 손을 비틀어서 끌어냅니다.

저는 그때 동대문경찰서 콘크리트 바닥에 무릎을 꿇고 평생 잊을 수 없는 기도를 드렸습니다. 그 어머니의 통곡소리, 애들의 자지러지는 소리, 경찰관의 고함 소리 속에서 콘크리트 바닥에 무릎을 꿇고 "예수님, 감사합니다. 제가 힘들다고 제 일터를 벗어나려 했을 때에 배고파 우는 어린아이 눈물 속에서 제가 있어야 할 자리를 알게 해 주셔서 감사합니다. 제가 힘들다고 일터를 벗어나려 했을 때에 자식을 먹이지 못한 어머니의 절망을 통해서 제가 죽어야 할 자리를 알게 해 주셔서 감사합니다." 하고 감사 기도를 드렸습니다.

"예수님, 저는 힘도 없고 돈도 없고 능력도 없으나 제가 할 수 있는 것, 한 가지 하겠습니다. 예수님의 이름으로 배고파 우는 어린아이들의 눈물이 없어질 때까지 같이 사는 것, 그 한 가지 하겠습니다. 저는 아무 능력도 힘도 없지만 자식을 굶기고 자식을 가르치지 못하는 부모의 절망이 있는 곳에 예수님의 이름으로 같이 사는 것, 그것을 하겠습니다."하고 기도드렸습니다.

그것이 1974년에 있었던 일입니다. 저는 거기서 신발을 벗었습니다. 그 뒤로 저는 제가 잘해서가 아니라 그때 예수님께 드린 기도를 기억하면서 항상 그 자리를 지키며 지금까지 올 수 있었습니다.

여러분, 여러분은 지금 더 일찍 신발을 벗어서 하나님이 여러분을 통해서 이 교회 이 백성 이 역사 속에서 어떤 일을 이루시기를 원하시는지 가만히 귀를 기울이고 들을 수 있는 시간을 가지시기 바랍니다.

그래서 여러분의 심령이 하나님이 주시는 사명, 하나님의 뜻, 하나님의 섭리를 깨달아 신을 벗고 "주여, 내가 여기 있나이다." 하고 주님 앞에 엎드려 쓰임 받는 귀한 결단이 있기를 바랍니다.

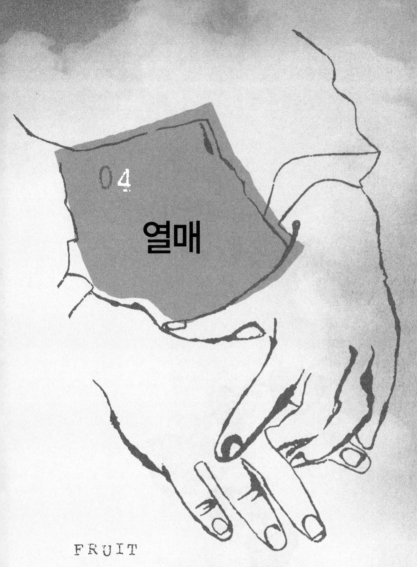

04

열매

FRUIT

오직 성령의 열매는 사랑과 희락과 화평과 오래 참음과 자비와 양선과 충성과 온유와 절제니

이 같은 것을 금지할 법이 없느니라 (갈라디아서 5:22~23)

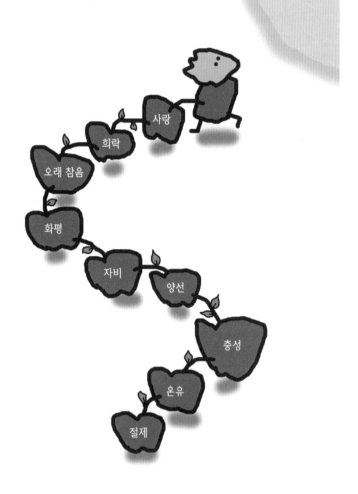

FRUIT

좌로나 우로나 치우치지 말고

열매 맺은 기쁨

그 아름다운 마을에서 자살이라니

저는 1984년 미국 샌프란시스코 신학대학에 가서 공부할 기회
가 생겨 유학을 갔습니다. 농촌에서 개척생활을 하다가 미국 대학
에 들어갔더니 얼마나 캠퍼스가 아름다운지 탄복을 했습니다. 샌
프란시스코 신학대학은 미국 장로교에 소속된 신학대학인데 캠퍼
스가 아름답기로 미국에서도 이름난 대학입니다.

제가 기숙사에 짐을 풀어 놓고 그 마을을 한 바퀴 휙 돌아보고
얼마나 감탄을 했던지 '아, 천당은 못 돼도 팔백당은 되겠구나.' 생
각을 했습니다. 기막히게 좋았습니다. 캠퍼스와 마을이 붙어 있는
데 그 마을은 완전히 꽃밭에 묻혀 있었습니다.

'야, 미국사람들, 정말 잘해 놓고 사는구나. 사람이 이 정도는 해놓고 살아야 되는데…. 남양만에 사는 우리 농민들 참 불쌍하다. 한국 농촌의 농민들은 이런 세상을 모르고 고생만 하고 살아가니, 참 안됐다.' 하는 생각을 했습니다.

그런데 두 달을 공부한 뒤에 제 생각이 바뀌었습니다. 한국 농민들은 불행하고 미국사람들은 행복할 거라는 생각이 바뀌어져 버렸습니다.

그렇게 기막히게 좋은 마을에서 자살하는 사람들이 굉장히 많다는 것입니다. 미국에서 살기 좋기로 다섯 손가락 안에 들어가는 마을이라고 했는데, 제가 가기 전해에 그 마을에서 자살한 사람이 미국에서도 3,4위가 된다고 그랬습니다. 그렇게 자살하는 사람이 많답니다.

그래서 그 마을 목사님께 "왜 그렇게 자살을 많이 한답니까?" 하고 물었더니, 지루해서 자살한다고 합니다. 모든 조건을 다 갖추어 놓고 풍족하게 살아가니까 인생 살아가는 재미가 없고 지겨워서 자살을 한다는 겁니다. 저는 그 말을 듣고 '참, 세상이라는 것이 이상하구나. 한국의 농민들은 바빠서 죽을래도 죽을 시간이 없는데, 그렇게 좋은 마을에 사는 미국사람들은 지루해서 자살을 한다니, 참으로 세상은 겉보기하고는 다르구나.' 하는 생각을 했습니다.

마침 미국 교회에서 저에게 설교를 부탁해 응했습니다. 제 영어 수준은 체계적으로 공부를 못 하고 주로 자습을 했기 때문에 발음이고 실력이고 엉망입니다. 언젠가 한번은 교실에서 제 딴에는 열심히 영어를 쓰는데 미국 학생들이 못 알아듣습니다. 그래서 제가 영어로 "정신 차려 들으라고! 내가 영어를 못하는 건 당연한 일이오. 당신들도 한국말 모르잖소? 내가 영어를 못하는 건 대단히 자연스러운 거니까, 들을 때 제대로 들으시오!" 하고 큰 소리 친 적이 있습니다.

송아지 안수 기도

미국 교회에서 설교를 하면서 "이 동네에 그렇게 자살한다는 사람이 많다던데 내가 일하고 있는 한국 농촌 얘기를 한번 들어보십시오." 하며 우리 교회 한 가정의 얘기를 했습니다.

우리 교회 교인 중에 결혼한 후 '젖소 송아지 한 마리 주시옵소서!' 하는 기도 제목을 가지고 7년째 기도하는 분이 계셨습니다. 젖소 송아지 한 마리를 2년을 먹이면 큰 소가 되어서 다시 송아지를 낳습니다. 물론 암소지요. 황소는 아기 못 낳는 것 다 아시니까. 암소를 2년간 키우면 다시 커서 송아지를 낳습니다. 우유를 짜서 팔면 한 마리에 7~8만 원 수입이 됩니다. 열 마리 먹이면 70~80만 원 되니까 농촌에서는 수입이 괜찮은 셈입니다.

결혼 후 7년 동안 부부가 "젖소 한 마리 주시면 잘 길러 송아지 낳고 또 낳고, 그렇게 해서 우리가 자립을 하고 살겠습니다." 하고 기도하는데, 7년 동안에 사내애는 네 명이나 낳았는데 송아지는 한 마리도 못 구했답니다.

만날 "하나님, 우리 가정에 송아지 한 마리 주시옵소서!" 하는 그 기도만 하기에 제가 한번은 심방 가서 물었습니다. "이 가정은 예수 믿소? 송아지 믿소? 어떻게 송아지 기도만 합니까?" 제가 그랬더니 그 부부가 "아이고, 목사님. 만날 송아지 송아지 해서 죄송합니다. 결혼하던 해부터 송아지 한 마리 달라고 기도했는데 7년 동안 송아지는 한 마리도 못 받고, 애만 네 명 받았습니다. 애기 두엇 데려가고 누가 송아지 한 마리 줬으면 좋겠네요." 하고 농담 반으로 얘기했습니다.

결혼할 적에 송아지 값이 45만 원이어서 둘이서 열심히 저축을 했답니다. 그런데 저축을 하는 동안에 송아지 값이 70만 원으로 올라버렸습니다. 다시 열심히 70만 원을 모았는데 그 동안에 송아지 값은 120만 원으로 뛰어버렸습니다. 저와 얘기할 때가 70만 원 모은 시절입니다. 그러니 50만 원이 더 있어야 살 수 있었습니다. 그 아주머니가 "우리는 다시 120만 원 저축을 한다고 해도, 그때 되어 또 170만 원으로 뛰어버리면 어떻게 하지요?"

그 정성이 하도 갸륵해서 우리 교회에서 세운 신용조합에서 제가 보증을 서고 50만 원을 빌려주었습니다. '이 집에서 못 갚으면 내가 갚는다' 보증을 서고 빌려줘 120만 원에 송아지를 한 마리 샀습니다. 얼마나 기뻐하던지 구역 예배 후에 잔치까지 했습니다.

두 부부가 송아지를 정성껏 먹였는데 두 달쯤 지난 뒤에 그 송아지가 병이 들어 버렸습니다. 기침병이 들었습니다. 어린아이들이 기침하다가 폐렴 걸리듯이 송아지도 폐렴에 걸리면 죽는 경우가 있습니다.

두 부부가 얼마나 급했던지 새벽 1시에 저를 데리러 왔습니다. "목사님! 목사님! 우리 집에 가 주셔야겠습니다." 제가 깜짝 놀라서 "애기가 큰일 났습니까? 왜 그러십니까?" 그랬더니 "애기는 괜찮은데, 송아지가 병이 났습니다." "송아지가 병 났으면 수의사한테 가야지, 목사한테 오면 어떡해요?" 그랬더니 "수의사보다는 목사님이 훨씬 더 든든해서 목사님한테 왔습니다." "목사를 그렇게 믿어주는 건 좋은데, 밤중에 내가 송아지한테 가서 우야면 좋겠나?" 그랬더니 "목사님, 가서 안수 기도 좀 해 주십시오."

제가 어안이 벙벙해서 "이 사람들아, 지금 사람 안수를 말하나? 송아지 안수를 말하나?" 그랬더니 "사람은 아픈 사람 없습니다. 송아지 안수 좀 해 주십시오." "나는 사람 안수도 못하는데 송아지 안수를 어떻게 하나?" 그러고는 거절하려고 얼굴을 쳐다보니까 두 부부가 얼마나 진지한지 도저히 거절을 못할 상황이었습니다. 거절했다가는 나중에 큰 부담만 갖게 될 것 같았어요.

그래서 제가 '할 수 없다! 농촌 목회 하려면 송아지든 강아지든 가서 안수를 하자.' 마음먹고 갔습니다. 5킬로미터쯤 되는 밤길을 걸어서 외양간에 갔습니다. 얼마나 정성껏 키우는지 깨끗한 외양간

영혼이 있는 자는 슈퍼맨이라도 기도받아야 한다.

에다 송아지 등에 담요를 덮어 놓았습니다. 그리고 부부가 옆에서 고삐를 잡고 저에게 기도해 달라고 합니다.

제가 할 수 있습니까? 눈 감고 송아지 이마에 손을 얹었습니다.

"주님, 믿습니다. 이 송아지를 송아지라 여기지 마십시오. 이 가정의 희망입니다. 이 송아지 한 마리 죽으면 이 가정이 얼마나 낙심하겠습니까? 이 가정의 희망이 무너집니다. 주님, 저도 50만 원 보증 섰습니다." 하고 간절히 기도했습니다.

기도하고 "아멘" 했더니, 두 부부도 옆에서 "아멘!" 했습니다.

그 후로 한 사흘 뒤에 그 부부가 교회 사택에 헐레벌떡 뛰어와선 "목사님, 나았습니다!" 하고 얼마나 기뻐하던지요. 고맙다고 로션 한 병을 사서 들고 왔습니다.

"목사님, 감사합니다. 다음에 또 부탁합니다."

"아이고, 직업을 바꾸라 그러지. 목사가 아니고 수의사 되라 그러지." 그러고 웃었습니다.

그 다음 주일 교회에 송아지 때문에 감사헌금을 했습니다. '송아지 낫게 해주셔서 감사합니다.'라는 감사 내용의 헌금을 바쳐서 제가 그 일을 광고 시간에 광고했습니다. 아무개네 집은 애기가 넷이어도 감기 들었다가 나았다고 감사헌금 한 번 한 적 없는데 송아지 나았다며 감사헌금을 했다고 그랬습니다.

예배 후에 우리 교인들이 다 그 부부에게 가서 "아이고, 다행이지. 목사님 기도 받고 나았다면서?" 하며 온 교회가 기뻐했습니다.

이 얘기를 미국 시민들에게 했습니다.

"여러분, 한국에는 송아지 한 마리로 온 마을 사람, 온 교회가 행복해지는데 여러분은 송아지 몇 천 마리, 목장에 소가 몇 만 마리 하는 목장을 가지고 지루하다고 자살하면 되겠습니까? 말이 안 됩니다. 송아지 한 마리에 희망을 걸고 웃었다가 울었다가 그렇게 온 교회가 기쁨을 누리는데, 그 많은 소와 그 넓은 목장을 두고 인생이 지겹다고 죽으면 하나님이 보시기에 어떻겠습니까?"

남편 한 명 있는 '우리' 마누라

인간의 행복이라는 것이 어디에 있습니까? 가난할 때는 돈이 많으면 행복할 것 같지요? 고등학교 3학년 때는 좋은 대학 들어가면 굉장히 행복할 것 같지요? 인생에 있어 물질적인 것, 외형적인 것, 출세하는 것, 좋은 대학 들어가는 것, 그런 것에 인간의 행복이 있지 않습니다.

물론 그것도 필요한 과정입니다. 물질도 필요하고, 좋은 학교 들어갈수록 좋고, 출세할수록 일을 많이 하고, 다 좋습니다. 그러나 인간의 행복에 대한 기본은 어디에 있습니까? 인간은 언제 제일 행복합니까?

하나님이 가라사대 우리의 형상을 따라 우리의 모양대로 우리가 사

람을 만들고 그로 바다의 고기와 공중의 새와 육축과 온 땅과 땅에
기는 모든 것을 다스리게 하자 하시고 (창세기 1:26)

하나님이 천지창조를 하시던 마지막 날, 엿새째에 사람을 창조
하셨습니다. 그런데 사람을 창조하시는 기준이 바로 '하나님'이셨
습니다.

"하나님이 이르시되 우리의 형상을 따라" 하나님을 '우리'라고
하셨습니다. 하나님은 한 분이신데 왜 '우리'라고 했을까요? 단수
인 하나님을 왜 복수인 우리라고 했습니까?

이런 것이 우리가 성경을 해석할 때 문제가 됩니다. 거기에는
두 가지 뜻이 있습니다. 예를 들어서 설명을 하겠습니다. 앞으로
여러분이 성경공부 하는데 참고가 되라고 말씀을 드립니다.

첫째는 히브리어 문장구조(structure)에서 중요한 단어는 다 복수
로 표현합니다. 한국에도 그런 표현이 있습니다. 남편이 '우리 마
누라'라고 합니다. 자기 아내에게 남자 몇이 어울려 살고 있는 것
처럼 '우리'라고 합니다. 단수라도 중요한 단어를 히브리 구문은
강조해서 복수로 나타냅니다.

둘째는 이 부분이 성부, 성자, 성령, 삼위일체 하나님을 성경에
서 맨 처음 표현한 부분이라는 것입니다. 하나님은 한 분이시지만
'삼위'입니다. 성부 하나님, 성자 하나님, 성령 하나님, 복수입니
다. 세 분 하나님은 한 하나님이신데 그 하나님을 우리는 그렇게

복수로 나타냅니다. 그래서 이를 성경에서 보여 주는 삼위일체 하나님의 첫 번째 표현이라고 해석합니다.

"하나님이 이르시되 우리의 형상을 따라 우리의 모양대로 우리가 사람을 만들고"

하나님께서 사람을 창조하실 때에 누구의 형상으로 지으셨다고 하셨습니까? '하나님의 형상' 대로, '하나님의 모양' 대로 지으셨습니다. 이 말이 무슨 얘기지요? 인간은 창조될 때부터 하나님의 형상을 그 심령에 모실 때에 가장 행복하다고 말합니다. 만일 인간이 하나님의 형상을 상실하면 아무리 돈이 많고, 아무리 출세해도 불행합니다.

왜 그렇습니까? 하나님의 형상대로 지어졌기 때문에 하나님의 형상을 잃어버리면 인간은 불행해지는 것입니다. 그래서 행복하고자 하는 사람은 하나님을 그 중심에 모셔야 합니다. 예수님을 자기 마음에 모셨을 때 가장 큰 평화, 기쁨, 감격의 삶이 주어지지만, 하나님 없이 사는 사람은 밑 빠진 독처럼 아무리 세상의 것을 채워도 갈증을 느낍니다. 그래서 하나님께서 사람을 창조하시고 이 세상을 다스리라고 하셨습니다.

남자는 여자를 섬겨야 합니다

"하나님이 이르시되 우리의 형상을 따라 우리의 모양대로 우리가 사람을 만들고 그들로 바다의 물고기와 하늘의 새와 가축과 온 땅과 땅에 기는 모든 것을 다스리게 하자 하시고"

사람을 만드시고 하나님을 대리해서 자연을 다스리라고 하셨습니다. 다스린다는 말을 지배한다는 말로 오해하시면 안 됩니다. 다스린다는 말은 히브리어 성경 원문에 '라다(Radah)'라고 되어 있습니다. '라다'는 상대방의 행복을 위하여 섬기고 다스린다는 뜻입니다.

창세기에 보면 남자가 여자를 다스리라 했습니다. 그것이 무슨 뜻입니까? 남학생이 여학생들을 다스리는 것입니까? "어이, 물 떠와, 발 씻어! 남자가 여자를 다스리라고 했는데 자네는 왜 그래? 내 가방 들어!" 하고 다스리는 것입니까? 남편이 아내를 다스리라는 말은 아버지가 엄마를 지배하라는 뜻입니까?

성경 원뜻은 그렇지 않습니다.

또 여자에게 이르시되 내가 네게 임태하는 고통을 크게 더하리니 네가 수고하고 자식을 낳을 것이며 너는 남편을 사모하고 남편은 너를 다스릴 것이니라 하시고 (창세기 3:16)

다스린다는 뜻의 '라다'는, 남편이 아내를 다스린다는 이 히브리어는 남편의 행복을 위해서 여자를 이용하는 것이 아니라, '다스림을 받는 사람의 행복을 위해서 다스리는 자가 섬기는 것'입니다.

그것이 성경 원문이 뜻하는 '라다' 입니다.

그러니까 우리가 오해하면 안 됩니다. 남자가 여자를 다스리라는 성경 말씀은 남자의 필요를 위해서 여자를 '부려 먹어라'가 아니고, 여자의 행복을 위해서 남자가 여자를 '섬겨라'라는 뜻입니다. 남자는 그렇게 함으로써 행복해집니다. 그래서 하나님께서 인간을 창조하시고 처음 베푸신 것이 무엇인지 창세기 1장 27절 보겠습니다.

> 하나님이 자기 형상 곧 하나님의 형상대로 사람을 창조하시되 남자와 여자를 창조하시고 하나님이 그들에게 복을 주시며…… (창세기 1:27 ~28)

이 말씀이 중요합니다. 하나님이 사람을 왜 창조하셨겠습니까?

이 말씀에 의하면 복 주시려고 지으셨다고 그랬습니다. 사람을 지으셔서 복 주시는 것입니다.

그럼 우리는 신앙생활을 어떻게 하면 잘할 수 있습니까? 하나님이 주신 복을 누리는 게 진정한 행복입니다. 하나님이 우리를 창조하시고 제일 처음 베푸신 일이 복 주시는 것인데 그 복을 누리는 것이 우리에게 가장 영적입니다. 주신 복을 누리고 사는 것이 우리에게 축복입니다.

인류에게 평화를 'For the peace all mankind'

한국 교회는 축복관이 잘못됐다고들 합니다. 무당들의 축복관을 교회에 끌어들였다고 합니다. 무당들의 축복관의 특징이 무엇인가 하면 치병기복(治病祈福) 신앙입니다. 자꾸 교회에서 병 낫는 얘기하고 복 받는 이야기만 합니다. 그 복은 잘 먹고 잘 사는 복, 성공하는 복, 돈 많이 버는 복 같은 자꾸 세상적인 축복만을 얘기합니다. 그것은 성경적인 것이 아닙니다. 예수님이 우리에게 가르쳐 주신 축복과는 거리가 있습니다.

우리는 이 축복대로 따라 살아야 합니다. 예수님께서 우리에게 가르쳐 주신 축복은 마태복음 5장 3절에서 12절의 팔복에 나옵니다. 마태복음 5장에서 7장까지를 '산상수훈'이라 하는데 인도의 간디는 이 말씀이 인류가 가지는 모든 사상, 모든 종교, 모든 가르침 중에 가장 중심이 된다고 했습니다.

종교 중의 종교이고 사상 중의 사상이며, 모든 인류가 함께 받아먹어야 할 양식이 바로 마태복음 5장, 6장, 7장의 '산상수훈'입니다. '산에서 주신 교훈'이라는 말입니다.

간디는 힌두교인임에도 불구하고 예수님이 가르치신 '산상수훈'을 종교 중의 종교이고, 인간 영혼의 양식이라고 했습니다. 그 '산상수훈'의 첫 번째에 팔복이 나오는데 거기에서 말씀하는 진정한 축복이 무엇인지 보겠습니다.

의에 주리고 목마른 자는 복이 있나니 저희가 배부를 것임이요 (마태
복음 5:6)
화평케 하는 자는 복이 있나니 저희가 하나님의 아들이라 일컬음을
받을 것임이요 (마태복음 5:9)

'화평하게 하는 자'를 영어 성경에서는 'peace maker'라고 번역
했습니다. '평화를 만들어 내는 사람', 시비 걸고 싸움하고 다투는
사람이 아니고 평화를 만들어 내는 사람.

우리는 한반도에서 '평화를 만들어 내는 사람'으로 살아야 합니
다. 어디를 가든지 평화를 이루어 내고 창조해 내는 사람, 그것이
기독교인입니다. 그런 사람들이 복이 있습니다. 그가 곧 하나님의
아들입니다.

의를 위하여 핍박을 받은 자는 복이 있나니 천국이 저희 것임이라
(마태복음 5:10)

누가 복이 있다는 것입니까? 의를 위하여 박해를 받는 사람입
니다. 편하고 잘 살고 배부른 사람이 복 있는 것이 아니라는 뜻입니
다. 박해받는 사람, 고생하는 사람, 하나님의 의를 위해서 희생하
고 값을 치르면서도 진리로 사는 사람들, 그런 사람들이 복이 있
다는 뜻입니다.

여러분, 이 세상에서 잘사는 것을 복으로 생각한다면 지금 그 생각을 바꾸십시다.

'하나님께서 주시는 축복은 세상적인 것을 말하는 것이 아니군. 의를 위해 박해받는 자, 의를 사모하는 자, 의에 주리고 목마른 자, 평화를 만들어 내는 자, 이런 사람을 정말 축복하는구나.'

이러한 바른 깨달음을 가져야 합니다.

인간성 좋은 사람, 욥

하나님께서 가장 기뻐하시는 사람은 욥기 1장 1절이 말씀하고 있습니다.

우스 땅에 욥이라 이름하는 사람이 있었는데 그 사람은 순전하고 정직하여 하나님을 경외하며 악에서 떠난 자더라 (욥기 1:1)

참 신앙인입니다. 하나님께서는 욥을 칭찬하셨습니다.

여호와께서 사단에게 이르시되 네가 내 종 욥을 유의하여 보았느냐 그와 같이 순전하고 정직하여 하나님을 경외하며 악에서 떠난 자가 세상에 없느니라 (욥기 1:8)

같은 말입니다. 똑같은 칭찬이 2장 3절에 또 나옵니다.

여호와께서 사단에게 이르시되 네가 내 종 욥을 유의하여 보았느냐 그와 같이 순전하고 정직하여 하나님을 경외하며 악에서 떠난 자가 세상에 없느니라…… (욥기 2:3)

첫째, 순전하고,

둘째, 정직하며,

셋째, 하나님을 경외하며,

넷째, 악에서 떠난 자,

이것이 하나님이 욥을 칭찬하신 내용입니다. 이 속에 무슨 내용이 있습니까?

욥이 무슨 일을 했다든가 무슨 업적이나 사업을 했다는 얘기는 하나도 없습니다. 네 가지 얘기가 다 욥의 사람 됨됨이를 말합니다. 인격, 됨됨이가 어떤 사람이었느냐 하는 점이 하나님이 칭찬하시는 기준입니다.

여러분, 하나님이 기뻐하시는 사람은 실력이 있는 사람, 유능한 사람이 아닙니다. 바로 '정직한 인간'입니다. 하나님은 정직한 사람을 칭찬하시지, 공부 잘한다고 칭찬하시지 않습니다. 공부는 자기가 받은 은사, 능력대로 다 열심히 하는 것입니다. 하나님이 기뻐하는 사람은 정직하고, '순전한' 사람입니다.

'순전하다'는 무슨 뜻이겠습니까?

처음 받은 은혜와 사명을 세월이 가도 변질되거나 타협하지 않고 끝까지 지켜 나가는 사람을 순전한 사람이라고 합니다.

여러분이 젊은 날에 받은 사명과 뜻을 나이 들어도 세상에 부딪혀 타협하지 않고 왜곡시키지 않고, 꾸준하게 지켜 나가는 성품의 사람을 순전한 사람이라고 말합니다.

스스로 타락한 사람이 스타

저는 어느 날 갑자기 알려진 듯합니다. 몇 년 전 저희 교인 한 사람이 "목사님, 지난주에 제가 서울 갔다 왔습니다." 하길래 "잘 다녀왔습니까?" 그랬더니 "목사님, 제가 서울 가 봤더니 김진홍 목사님이 한국 교회 스타랍니다."라고 합니다. "집사님, 별소리를 다 하네. 내가 뭐 배우요? 가수요? 무슨 목사가 스타도 있소?" 그랬더니 "아닙니다. 우리만 몰랐지, 서울 가 보니까 김진홍 목사가 한국 교회 스타랍니다." 그래서 제가 "듣기 거북하구먼요." 그랬더니 "목사님, 조심하셔야겠습니다." 이럽니다.

"아따, 스타라더니, 조심하라는 거는 또 뭐요?"

"목사님, 스타가 뭔지 아십니까?"

"아, 스타가 스타지, 뭐요?"

"스스로 타락한 사람을 스타라고 합니다."

스스로 타락하는 게 스타래요. 순전함을 잃어버리면 스타가 된다는 말입니다. 목사가 스타가 돼서 되겠습니까? 저는 그 말을 듣고 우리 교회 아무개 집사님이 저에게 하시는 말씀이 아니라 예수님께서 저를 꾸짖으시는 말씀이라고 받아들였습니다.

순전함을 잃어버리면 하나님이 기뻐하지 않으십니다. 여러분 같은 학생의 시절은 순수할 때입니다. 이제 대학에 진학하고 사회에 나가고 직장 생활하면서 순전함을 잃어버리면 하나님이 기뻐하지 않으십니다.

여러분, 기도하시기 바랍니다.

첫째, 하나님이 욥을 칭찬하신 그대로 순전한 사람.

둘째, 정직한 사람.

셋째, 하나님을 경외하는 자. 아무리 세상에 복잡한 일이 있고 학문을 배우고 세상에 휩쓸리더라도 하나님 경외하는 중심을 바꾸지 아니하는 사람.

넷째, 악에서 떠난 사람. 세상은 악하지만 악한 세상에 살면서도 악에 물들지 않고 악에서 떠난 자.

하나님은 그런 사람을 칭찬하십니다.

욥이 무슨 사업을 했느냐, 점수를 얼마 받았느냐, 어느 대학 들어갔느냐, 그것을 원하시겠습니까?

하나님이 칭찬하시는 것은 그런 것들이 아닙니다. 바로 '인간 됨됨이'입니다. 얼마나 성적이 좋으냐가 아니라 순전하냐 안 하냐,

얼마나 유능하냐가 아니라 얼마나 정직하냐, 그것입니다.

한반도를 위하여

악한 세상에 살지만 하나님을 경외하며 악에서 떠나 있는 사람,
악한 세상에 살면서 악에서 떠나서 산다!

얼마나 중요합니까? 그런 사람은 무능한 것 같습니다. 그런 사
람은 세상에서 대접을 잘 받지 못합니다. 그러나 그런 사람이 얼
마나 소중한지를 보겠습니다. 욥과 같이 그렇게 순전하고 정직한
인간이 이 세상에서 왜 중요한지 알아봅시다.

> 그런즉 너희는 수송아지 일곱과 수양 일곱을 취하여 내 종 욥에게 가
> 서 너희를 위하여 번제를 드리라 내 종 욥이 너희를 위하여 기도할
> 것인즉 내가 그를 기쁘게 받으리니 너희의 우매한대로 너희에게 갚
> 지 아니하리라 (욥기 42:8)

욥이 기도했습니다.
"내가 그를 기쁘게 받으리니"
하나님이 욥의 기도를 받으셨습니다. 욥의 기도를 받으신 하나
님이 그 기도의 축복을 '누구'에게 베푸셨습니까?
그것이 중요합니다.

"너희의 우매한대로 너희에게 갚지 아니하리라"

순전하고 정직하고 하나님을 경외하고 악에서 떠나서 살면서 기도는 욥이 했는데, 욥의 기도를 하나님이 들으시고 욥의 '친구' 들을 지켜 주셨다는 뜻입니다.

무슨 말씀입니까?

한국에 사는 여러분이 욥처럼 그렇게 살고 기도하자, 하나님께서 여러분에게만 복 주신 것이 아니라 대한민국 전체를 지켜 주셨다는 말입니다. 그러면 그 속에 여러분도 들어가지요? 그렇지요?

여러분들이 욥처럼 기도하고 그렇게 살면 여러분과 같은 한국의 남녀 청소년 또래의 사람들을 다 지켜 주신다는 말이 됩니다. 한국 교회 교인이 1,000만 명이라고 합니다. 1,000만 성도가 욥처럼 살고 기도하면 하나님이 7,000만 동포를 다 붙들어 주시고 우리 민족을 지켜 주신다는 이야기입니다.

그래서 욥처럼 사는 사람이 어떤 사람보다 더 중요합니다. 그런 사람이 있기 때문에 하나님께서는 이 역사를 붙들어 주시고 하나님의 뜻을 이 땅 위에 펴시는 겁니다.

그렇게 욥과 같이 귀한 하나님의 칭찬 듣는 여러분들이 되기를 바랍니다.

지저분한 설악산이 깨끗한 금강산보다 낫다?

갈라디아서를 보면 하나님이 기뻐하는 사람은 어떤 성품의 사람이 되어야 하는지 알 수 있습니다. 갈라디아서 5장에 성령의 열매가 있습니다.

그리스도께서 우리로 자유케 하려고 자유를 주셨으니 그러므로 굳세게 서서 다시는 종의 멍에를 메지 말라 (갈라디아서 5:1)

예수님께서 우리에게 베푸신 것은 '자유'입니다. 자유가 얼마나 소중한지요.

한번은 제가 미국에 갔더니 북한을 여러 번 다녀오신 목사님이 저에게 김일성 체제 자랑을 했습니다.

"북한은 의무교육이고 병원에 가면 돈 안 받고 북한에는 주택은 다 주고… ."

자꾸 북한 자랑만 했습니다. 그러면서 남한 욕만 자꾸 했습니다. 그 어른은 제가 옛날 우리 정부의 독재를 반대해서 감옥도 살고 고생한 걸 알아서 그랬는지, 북한은 좋은 점만 얘기하고 남한은 나쁜 점만 자꾸 이야기했습니다.

"목사님, 북한이 그렇게 좋다니까 참 반가운 일이네요."

"아, 반갑지요!"

"그런데 목사님, 한번 여쭙겠습니다. 북한에서 라디오 들을 때 라디오 채널이 몇 개가 있습디까?" 하자, 라디오 채널은 하나밖에 없다고 그래요. 정부가 납땜해 버려서 자기들 방송밖에 못 듣는다는 것입니다.

그래서 제가 "목사님, 그러면 안 좋지 않습니까? 사람이 라디오를 켜고 이것저것 들을 수 있고, 텔레비전도 여기저기 바꿔서 봐야지, 하나만 납땜을 하고 자유를 주지 않으면 그게 뭐가 좋습니까?" 그랬더니 "한국 텔레비전은 뭐 언론의 자유가 있습니까?" 하고 묻기에 "자유가 없어도 채널이 여러 개니까 북한보다는 자유가 몇 배로 더 있지 않습니까?" 그랬습니다.

또 제가 묻길 "목사님, 금강산 가 보셨습니까?"

"가 봤지요!"

"금강산 경치 좋지요?"

"좋지요!"

"북한 인민이 금강산 관광하러 왔습디까?" 그랬더니 가서 한 사람도 못 만났다고 합니다. 자연 그대로 보존되고 있더라는 것입니다.

"목사님, 금강산보다 못한 한국의 설악산은 인민이 너무 가서 라면 껍질, 술병을 마구 버려서 골짜기마다 쓰레기 더미랍니다. 자연 보존은 안 됐지만 국민이 설악산 마음대로 다니는 것이 얼마나 자유롭습니까? 북한 금강산에 아무도 못 오고 산만 깨끗하게 있으면 뭐가 좋습니까?"

어느 것이 더 좋습니까, 여러분? 자유가 중요합니다. 자유가 없는 금강산이 깨끗하면 뭐하겠습니까?

예수님이 우리에게 주신 것은 '자유'입니다. 내가 너희에게 자유를 주었으니 내가 준 자유를 누리고 종의 멍에를 다시 메지 말라는 것입니다. 자유를 누릴 줄 아는 사람이 성숙한 교인입니다.

이중인격자

저는 교인들에게 술 먹는 것, 담배 피우는 것, 다 알아서 하라고 합니다. 그런 걸 자꾸 묻는 청년들이 있습니다. 제가 연세대학교에서 질문을 받았습니다.

"목사님, 술 먹는 게 죄입니까? 아닙니까? 담배 피우는 게 죕니까? 아닙니까?"

그래서 "야, 이 사람아, 내가 담배 회사 직원도 아닌데 왜 담배 피우는 걸 나한테 묻노? 대학생이 뭐 그런 걸 묻나?"

"교회에서 하도 그 문제 때문에 주의를 받아서 묻습니다."

"사람이 어떤 질문을 가지느냐가 그 사람의 수준이야. 자네 수준은 담배 수준밖에 안 되는구먼. 왜 그런 질문을 하나? 자네가 알아서 하지 그래, 나는 담배 피우는 것이 하나님 뜻에 안 맞는다고 생각은 하지만, 그것 때문에 구원 못 받을 일은 없으니까 피우고 싶으면 피우게나."

"목사님, 하나님이 안 기뻐하신다는 기준이 뭡니까? 성경에는 담배가 없는데 왜 그렇습니까?"

"야, 이 사람아, 꼭 성경에 없어도 상식적으로 알 수 있지 않냐? 하나님께서 담배 피우는 게 좋으면 사람을 창조하실 때에 머리에 굴뚝 하나 내어 놓지 않았겠냐? 우리 머리에 굴뚝이 없지 않냐? 내뿜는 것이 사람 몸에 안 좋으니 그렇겠지. 건강상 안 좋은 거니까 하나님 앞에서도 안 좋은 거 아니겠냐? 꼭 피우려면 피우게나." 하고 웃었습니다.

담배에 얽매여 가지고 교회에서는 안 피우는 척하고 밖에 가서는 숨어서 피우고, 그런 사람이 있습니다. 자유함을 얻지 못한 신앙이라 하겠습니다.

저희 교회 청년 한 명을 길에서 만났는데 할 이야기가 있어서 한참 이야기를 하는 중이었습니다. 그런데 본 교회 목사님과 이야기하면서 바지 주머니에 손을 넣고 이야기를 하기에 좀 이상한 생각이 들었습니다.

'이 청년, 참 상식이 없다. 목사하고 얘기하는데 주머니에 손을 넣고 이야기를 하나?' 하는 생각을 하면서 조금 후에 보니까 바지에서 연기가 나요. 그래서 '아하, 이 청년이 담배를 피우다가 나를 먼저 보고 얼른 담뱃불도 못 끄고 바지 주머니에 집어넣었구나!' 싶어서 이해가 갔지요. 그래서 "야, 이 사람아. 자네 바지에 불 났

담배 피우는 게 사람에게 좋으면
하나님께서 사람을 창조할 때
머리에 굴뚝 하나 내어 놓지 않았겠냐?

네." 그랬더니 당황하여 쩔쩔매면서 담뱃불을 끄집어냈습니다.

"목사님, 죄송합니다."

"야, 이 사람아. 담배가 좋으면 목사님 앞에서도 피우고, 나쁘면 끊어 버리는 거지! 활개 치고 담배 피우다가 목사 앞이라고 그걸 끄지도 못하고 집어넣어서 바지 태워먹고…."

제가 뭐라 그랬습니다.

"자네는 수준이 낮구먼. 자네는 벌써 사나이치고 시원찮아. 담배가 문제가 아니야. 자네는 이중인격자야. 자유함을 얻지 못하는 사람이다, 이 말이야. 어떻게 그래 가지고 자네가 크리스천 청년이라 하겠나?"

이어서 호되게 말해 줬습니다. "담배가 좋으면 어디서든지 당당하게 피우고, 나쁘면 혼자 있어도 끊어 버리는 걸세. 그렇게 이중적인 성격을 가지면 그것이 좋지 않은 거야." 그렇게 가르친 적이 있습니다.

무슨 일을 해도 신앙인들은 자기 신앙과 양심과 자기 인격에서 당당하고 자유로운 것, 이것이 신앙인의 특징입니다. 그 '자유'를 가지고 우리는 '열매'를 맺습니다.

오직 성령의 열매는 사랑과 희락과 화평과 오래 참음과 자비와 양선과 충성과 온유와 절제니 이같은 것을 금지할 법이 없느니라 (갈라디아서 5:22~23)

아홉 가지 성령의 열매가 나옵니다. 이 본문의 아홉 가지는 다 욥기 1장 1절에서 하나님께서 욥을 칭찬할 때와 같이 그 사람의 인격, 사람 됨됨이에 대한 이야기입니다. 무슨 업적을 남겼느냐, 무슨 일을 했느냐, 재산이 많으냐, 학력이 좋으냐가 아닙니다.

하나님이 기뻐하시는 성령의 열매는 그 인간 됨됨이, 그 성품이 '예수님을 닮아 가는 사람이 되는 일'입니다. 그래서 영어로 하나님이 기뻐하시는 사람은 'doing'이 아니라 'being'입니다. 'doing'은 일을 하는 것, 업적을 남기는 것, 큰 사업을 하는 것, 위대한 사람이 되는 일입니다. 그러나 'being'은 하나님이 기뻐하시는 사람으로 사는 일입니다.

하나님은 정직한 사람 되는 것을 기뻐하십니다. 사랑의 사람 되는 것을 기뻐하십니다. 인내하는 사람, 절제하는 사람 되는 것을 하나님이 기뻐하십니다. 우리가 생각하는 것처럼 큰일하고 사업을 많이 하고 업적을 남기는 'doing'을 하나님이 기뻐하시는 것이 아닙니다.

여러분, 갈라디아서 5장 22절에서 23절의 아홉 가지 열매를 여러분의 삶 속에서 넘치게 맺으시기를 바랍니다.

오직 성령의 열매는 사랑과 희락과 화평과 오래 참음과 자비와 양선과 충성과 온유와 절제니 이같은 것을 금지할 법이 없느니라 (갈라디아서 5:22~23)

사랑의 열매, 앞에서 저는 사랑을 이야기했습니다.

하나님께서는 삶 속에서 사랑의 열매를 맺기를 원하십니다. 사랑은 대가를 치르고 값을 치르고 맺어진다고 했습니다. '사랑과 희락과'에서 희락은 기쁨입니다. 영어로 'joy'라고 합니다. 기쁨을 희락이라고 합니다.

'화평과 오래 참음과'에서 오래 참음의 열매는 예수 믿고 성령 받으면 시험도 없어지고 고난도 없어지는 것이 아닙니다. 예수 믿어도, 성령 받아도, 고난이 있고 시험이 있는데 이를 참고 견딜 수 있게 되는 것입니다. 그것이 오래 참음의 열매입니다.

내조도 제 하기 나름

두레마을은 해마다 1월이 되면 농촌과 섬 교회 사모님들을 모시고 세미나를 합니다. 전 교인 50명 이하 교회 사모님들만 오십니다.

그분들만 모신 데에는 사연이 있습니다. 제가 시골에서 활빈교회를 하고 있을 때의 일입니다. 서울 강남 어떤 호텔에서 목사님들 세미나가 있었습니다. 그런데 이 세미나는 장년 교인 1,000명 이상 출석하는 교회 목사님만 참가 자격을 주었습니다. 그리고 세미나 마친 뒤 거기에 참가했던 분들은 세계 일주를 했습니다. 참가비가 얼마나 비싼지 우리 같은 농촌 교회 목회자는 1년 월급을 다 털어 넣어야 될 지경입니다.

저는 그걸 보고 기분이 좋지 않았습니다. 장년 교인 1,000명 이상은 농촌 교회 목사들은 감히 쳐다보지도 못합니다. 그때 저희 교인은 기껏해야 100명밖에 안 되었으니 십분의 일밖에 안 됩니다. 저는 기분이 안 좋았습니다.

'야, 이거 목사도 종자가 다르나? 어느 놈은 얼어 죽고 어느 놈은 데어 죽는다더니 형편없네? 1,000명 안 되면 끼어들지도 못하는구나?'

마음이 떨떠름했습니다.

'좋다! 나는 50명 이하로 한번 해 보자!'

전 교인 50명이 안 돼도 하나님 보실 때는 귀한 교회 아니겠습니까? 그래서 저는 50명 이하로 해야 되겠다며 섬에서 산골짜기에서 전 교인 50명 이하 목회하시는 목회자들을 모시고 세미나를 하려고 준비했습니다. 그러다가 생각을 바꾸었습니다.

'목사님, 전도사님보다 더 고생하는 분이 사모님들인데….' 그래서 사모들 모시고 한번 해야 되겠다고 생각을 했습니다. 시골 교회, 섬 교회 사모들이 참 고생스럽거든요. 교인이 적을수록 사모들이 고생합니다.

제 집사람도 농촌 교회 사모입니다. 집사람은 성격이 걸걸하고 목소리가 큽니다. 목소리가 크니까 한번은 우리 교인들이 "사모님은 수다스러워, 소리도 너무 크고…." 그래서 제가 마누라에게 살짝 이야기를 했습니다. "이 사람아, 교인들이 자네가 좀 수다스럽다더라. 자네, 좀 절제해야 될 거 같애." 그랬더니 아주 기분이 안 좋아서 가만히 있다가 그 뒤에는 입을 꾹 다물고 있으니까 다시 교인들이 "우리 목사님 사모는 교만해."라고 뭐라 합니다.

이번에는 좋은 옷을 입고 나갔더니 "사모가 교인들 기죽이나? 너무 사치하다." 그래서 제가 "교인들이 자네 너무 사치하대. 목회에 협조를 해 줘야지, 그런 말 들어서 되겠나?" 다음에는 수수하게 입고 나갔더니 "에이, 사모가 식모 같다."며 수근댑니다.

제가 그 다음에야 눈치 챘습니다.

"에라, 자네 생긴 대로 놀아 버려라, 그거 다 듣고 까딱하다가 자네 신경쇠약 걸리겠다. 자네, 나중에 회까닥해서 히죽 히죽 웃고 그러면 큰일 난다. 그저 마음대로 해라. 내가 뒷받침해 줄 테니까 힘내라!"

그랬더니 제 집사람이 기분이 좋아서 이제는 알아서 합니다.

그런데 한번은 집사님들이 무슨 얘기를 하다가, 목사님 사모님이 어떻고 어떻고 그래서 "야, 남자들이 제 마누라 제가 관리하는 거지, 사모까지 월급 두 배로 주냐? 내가 데리고 살아 보니 괜찮더라. 뭘 자꾸 말이 많어?" 하고 소리를 질렀더니, "목사님, 변했네요." 그래서 "그럼! 변해야지. 자꾸 교인들이 이러쿵저러쿵 해대서 그 사람 신경쇠약 걸리면 어떡하냐?" 하고 꽉 눌러 버렸습니다.

시골 교회 목사 사모님들

시골의 사모님들은 여러 가지 말 못할 고생을 하기 때문에, 그분들을 모시고 두레마을에서 매년 1월마다 세미나를 합니다.

'50명 이하 교회 사모님들 초청합니다.'

신문에 냈더니 600명이 신청을 했습니다. 150명을 그중 1차로 초청했습니다. 첫 시간에 그분들께 말씀드렸습니다.

"사모님들, 저 농촌에서, 섬에서 고생하시는데 이 두레마을까지 와서, 성령 충만 받아야지, 그런 생각하실 거 없습니다. 지금 이 비싼 물가에 그런 대우받고 누가 사명감 없이 은혜 없이 농촌에서, 섬에서 일하겠습니까?"

150명을 모셨는데 그 중에 한 달에 월급이 5만 원~7만 원이 58명이에요. 40퍼센트가 한 달 생활비 10만 원 이하입니다.

여러분, 요즘 그 돈 가지고 가족 데리고 전도하고 살겠습니까? 그렇게 고생하는 목사님들의 사모님들입니다.

"사모님들 다 신앙이 훌륭하고 은혜를 받았기 때문에 섬에서, 산에서 고생하고 헌신하신 줄 압니다. 두레마을에서는 성령 받아야지, 그 생각하지 마시고 그저 일주일 동안 푹 쉬십시오. 새벽 기도도 없앴습니다. 마음껏 푹 주무시고 아침밥 해 놓고 종 칠 테니까, 잡수려면 잡숫고 나오기 싫으면 나오지 마시고 해가 중천에 뜨도록 마음대로 주무시고 편안하게 쉬다 가십시오." 그랬더니 사모님들이 "아멘! 아멘!" 했습니다.

설교를 하는데 첫 시간부터 마지막 시간까지 우는 사모님이 있었습니다. 앞자리에 앉아 가지고 자꾸 울기만 해서 "사모님은 자꾸 우는 은사가 있습니까? 어째 울기만 합니까?" 그랬더니 사모님이 "목사님, 죄송합니다. 목사님 얼굴만 봐도 눈물이 나네요."

"왜 그렇습니까? 제 얼굴이 못생겨 그렇습니까? 얼굴 못나서 불쌍해 그렇습니까?"

"그런 게 아닙니다." 하며 말하기를 자기가 9년 전에 남편 따라서 목포에서 배 타고 두 시간 들어가는 섬에 갔는데, 거기에서 9년 동안 빗물 받아 먹고 고구마 말린 거 먹으면서 전도하다가 이번에 9년 만에 처음 육지를 밟았다는 겁니다.

9년 전에 들어갈 때 입고 갔던 옷, 신고 갔던 신발, 벗어 두었다가 9년 만에 그걸 꺼내 신고 입고 9년 만에 육지를 밟았는데, 제가 옛날 고생하던 얘기 들으니까 자기들이 당하는 일과 너무 흡사해서 제 얼굴만 쳐다봐도 눈물이 난다는 겁니다. 제가 그 말을 듣고 얼마나 찡한지요.

"사모님, 그러니 예수님이 기뻐하시지 않습니까? 예수님이 기뻐하시니 우시지 마시고 기뻐합시다." 그랬더니 "예" 하고 또 펑펑 울어요.

한 사모님은 행사 시작되는 아침에 지리산 밑에서 전화를 걸었습니다.

"목사님! 목사님! 두레마을에서 하는 사모 수련회 가려고 짐을 묶어 뒀는데도 출발을 못하고 있습니다."

"사모님! 얼른 나서셔야지요. 지리산 밑에서 여기까지 오시려면 지금 와도 늦어요."

"목사님, 아직 차비를 못 구해서 이러고 있습니다."

"사모님, 오시기만 하면 저희가 왕복 여비 다 드리니까 오시기만 하십시오." 그랬더니 "글쎄요?" 합니다.

"사모님, 글쎄요 그러지 마시고 어디서 꿔서라도 오십시오. 며칠 뒤에 준다고 말하면 꿀 데야 없겠습니까?" 그랬더니 사모님이 "목사님, 목사님은 그렇게 말씀하시면 안 됩니다. 다른 목사님은 그렇게 말씀하셔도 되지만 김진홍 목사님은 우리네 사정을 아시고 그런 말씀하시면 안 됩니다."

"사모님, 제가 잘못 말씀드린 것도 없는데 왜 그러세요?"

"목사님, 지난주일 전교인 출석 8명에 헌금이 110원입니다."

개척지 사모가 일주일에 110원 나오는 교회에서 돈 꾸러 다니며 차비 구하는 것이 쉽냐는 겁니다. 그 말을 듣고 가슴이 찡해서 "사모님, 거기가 어딥니까?" 묻고 빨리 우체국으로 송금을 하여 세미나 마칠 때 거의 되어서 오시게 했습니다.

그런 사모님들이 오셨으니까 우리가 얼마나 은혜를 받겠습니까? 성령 받고 성령의 열매를 맺는 것, 그렇게 어려운 자리에서도 예수님 이름으로 끝까지 참는 것, 그것이 오래 참음의 열매라는 말입니다.

사모의
말 못할 고생.
주님은 아시지요?

그런데……
세미나 갈 차비가 없어요.

여러분, 하나님의 일을 하면서 대접받고 박수 받고 사업 잘 되고 돈 벌고 존경받고 하는 것을 생각하면, 그것은 성령의 열매를 맺는 삶이 아닙니다.

성령의 열매는 고난 중에서도 시련 중에서도 예수님이 기뻐하시기 때문에 그 길을 꾸준하게 걸어가면서 주님 오실 때까지, 우리가 하늘나라 갈 때까지, 변하지 아니하고 거기에 충성하는 것, 그것이 성령의 오래 참음의 열매라는 것을 여러분, 꼭 기억하시기 바랍니다.

드럼통 마누라를 때리던 사람이

"오직 성령의 열매는 사랑과 희락과 화평과 오래 참음과 자비와 양선과"

내 입장에서 생각하는 것이 아니라 상대편 입장에서 생각하는 것이 '자비의 열매'입니다. 제가 상대편 입장에서 생각했다가 한 가정을 다 전도한 적이 있습니다. 청계천 빈민촌에서 전도할 때 일입니다.

제가 있는 옆방에 부부가 있었는데 그 남편이 얼마나 술이 심한지 매일 저녁에 술 먹고 밤 11시만 되면 부인을 때리는 겁니다. 밤 11시쯤 되면 와장창 깨지고, 부인이 죽는 소리를 하고 야단이 납니다. 밤마다 부인이 비명을 지릅니다.

'참 이상한 부부다? 어떻게 매일 밤 저렇게 행사처럼 때리나? 저 부인은 저렇게 얻어맞고 도망도 안 가고 어떻게 사나?' 싶어서 그 다음날 아침에 나가다가 슬쩍 엿봤습니다.

그런데 참 이상하지요? 그렇게 밤에 맞고도 아침에 계란 프라이를 해서 남편에게 갖다 바쳐요. 남자가 앉아서 계란 프라이를 먹고 있습니다. '야, 참 이상하다. 계란은 맞은 사람이 먹어야 될 텐데? 때린 사람 갖다 주면 더 힘내서 또 때릴 건데? 열녀 춘향이가 따로 있는 게 아니다!' 생각했습니다.

하도 그 부인이 착해서, 그날 오후에 부인 없는 틈을 타 남편을 불러냈습니다.

"여보, 당신 나하고 사나이 대 사나이로 얘기 좀 합시다."

"뭔 얘기요?"

"당신 말이야, 그래 봐야 내가 보기에는 마누라 복 밖에 없는 거 같은데, 왜 그렇게 밤낮 때리는 거요? 그렇게 때리다가 부인 병들거나 도망가 버리면 어쩌려고 그라요? 당신 그 부인 없으면 낙동강 오리알 같은 신세일 건데 어찌 그렇게 마누라를 때립니까?"

그랬더니 그 양반이 심각하게, "김 선생 말씀 잘해 주셨습니다. 안 그래도 제가 말씀드리려 했습니다. 김 선생, 내가 마누라를 때리고 싶어 때리는 줄 아십니까?" 그건 또 무슨 소리가 싶어서 "아니, 그럼 마누라를 때리기 싫어 때립니까? 마누라 때려서 일당 나옵니까? 왜 그래요?"

그러자 자기 흘러간 얘기를 하는 겁니다. 여섯 살에 어머니가 돌아가셨답니다. 어머니 돌아가시고 두 번째 들어온 의붓어미가 어찌나 사람이 성질이 안 좋았던지 아버지가 있을 때는 자기를 천사같이 잘해 주고 아버지만 없으면 때리고 못살게 굴고 그렇게 미워했답니다. 견디다 견디다 못해서 서울로 도망을 왔대요. 초등학교 때 서울 와서 여관집 보이 하고, 구두닦이하고 이리저리 고생하고 그냥 세상에서 떠돌아 다녔답니다. 그리고 군대 가서 고생하고, 자기 평생에 자기가 사람대접 받아 본 기억이 없다는 겁니다.

사랑을 받아 본 적도 없고, 귀하다고 대접 받아 본 적도 없고, 자기는 떠돌이처럼 고생만 하고 미움 받고 얻어먹고 살았답니다. 그래서 자기 마음에 병이 들었다는 겁니다. 그래서 하루도 술 먹고 뭘 두들겨 패지 않으면 잠이 안 온다는 얘깁니다.

"그래서 제가 술 먹고 마누라 때리는 겁니다, 목사님."

뭔가 때리지 않으면 잠이 안 온다고 그래요.

자기도 잘못하는 줄 알고 하루는 자기 부인에게 "여보, 내가 당신 안 때릴게, 술 땜에 그러니까 내가 오늘은 술 안 먹고 당신 안 때려야지. 당신, 수건이나 무슨 끈으로 내손을 묶어놓고 피하고. 절대 술을 안 먹을게."

그렇게 결심을 하고 부인이 헌 넥타이를 가지고 손을 묶어 놓고 옆집에 피했는데 밤 11시 지나 12시가 거의 되니까 속에서 미쳐 버리겠더랍니다. 속에서 뒤집어지고, 광기가 나고 미쳐 버릴 것 같아서 할 수 없이 이빨로 자기 끈을 풀고서는 밖에 나가서 술 먹고 이웃집에 가 있는 부인을 찾아내선 또 때렸대요.

그런 사연을 말하곤 저에게 "김 선생, 나 술 병 좀 끊게 해주십시오. 술 마귀 좀 쫓아내 주십시오." 그 말 듣고 얼마나 불쌍한 생각이 드는지, 그 사람이 이해가 갔습니다.

다음날 넝마주이 나가서 일하다가, 그 사람 좀 도와줄 게 없을까, 생각하는데 어떤 동네에 갔더니 쓰레기통 옆에 빈 드럼통이 있기에 그걸 보고 아이디어가 떠올랐습니다. 옳지! 저걸로 그 사람을 좀 도와줘야지, 싶어서 일 마치고 들어올 때 손수레에 드럼통을 실었습니다. 싣고 돌아와서 그 양반을 불러냈습니다.

"여보, 당신 내 오늘 좀 도와줄 일이 생겼수다. 당신 부인 사진 있지요? 결혼사진같이 좋은 거 말고 허름한 사진하나 찾아내서 이 드럼통에 붙이소. 붙이고 오늘 술 먹고 당신 부인 때리는 시간에 대신 드럼통을 때리시오. 생김새도 비슷하고 소리도 비슷할 겁니다."

부인이 좀 뚱뚱해요.

"드럼통 스타일이라 생김새도 아마 비슷하고 틀림없이 소리도 비슷할 테니까… . 당신 손 아플까 봐 내가 방망이도 하나 주워 왔습니다."

부러진 야구 배트도 하나 건네줬습니다. 그러자 그 양반이 가만히 보더니 "김 선생! 그거 괜찮겠는데요?" 그러고는 사진을 찾아 가지고 거기다 붙이는 것까지 봤습니다. 밤 11시쯤 돼서 그 양반이

어떻게 하나? 사람 소리가 나나? 드럼통 소리가 나나? 기다리는데 11시 조금 지나니까,

와장창! 와장창!

그러고는 "이년아!" 하고 방망이로 드럼통을 두들겨 패는 소리가 나선 '됐다!' 그랬는데 한참 있으니까 부인이 얼굴이 헬쑥한 채로 저를 찾아왔습니다.

"선생님, 괜찮을까요?"

"부인, 염려 놓으십시오. 이제 맞는 일은 졸업했을 겁니다. 걱정마십시오."

그랬더니 한참 와장창거리다가 조용해졌습니다. 조용해지자 부인이 "이제 잠 들었는 모양입니다. 저 양반이요, 술만 깨면 공자 같은 사람이라요." 그래서 제가 '남편 자랑하는 거 보니, 참 춘향이가 났구먼! 참 좋은 부인이다!' 생각을 했습니다.

그 다음날 아침에 이 양반이 저를 만나더니 아주 얼굴이 훤해져서 "김 선생! 그거 좋습디다! 괜찮던데요! 그런데 김 선생, 문제가 있습니다."

"뭔 문제요?"

"며칠 못 가겠는데요. 첫날 절반이나 우그러져 버렸는데요."

"아, 그거 걱정 마소. 내가 우리 교회에서 얼마든지 갖다 드릴 테니까. 드럼통만큼은 매일 하나라도 갖다 댈 테니까 마음 놓고 패시오."

그리고 20일쯤 지났는데 드럼통 소리도 안 나고 사람 소리도 안 났습니다. 때리는 짓을 졸업해 버렸습니다. 그 후에 부인이 먼저 교회를 나오더니 세월이 지나니까 부인 따라서 남편도 나왔습니다. 술도 끊고 부인도 안 때리고 나중에 세례 받고 청계천 교회에서 집사가 되었습니다.

언젠가 한번은 여전도회 간증 예배를 드리는 시간이 있었습니다. 그 부인이 나와서 손수건으로 눈물을 닦으면서 간증을 하는데 "여러분, 우리 집 알지요? 우리 애기 아버지 술 끊기 전에 알지요? 예수 믿기 전에 우리 집이 어떠했는지 알지요? 우리 예수 믿고 얼마나 축복받았는지, 우리 집은 벌써 천당이 시작된 거라요." 하면서 간증을 하니까 교인들도 은혜를 받았습니다.

예수님의 사랑이, 성령의 열매가 그 사람 속에서 맺어지면서 그 한과 설움을 다 치료해 버리고 새 사람으로 만든 것입니다. 자비의 열매는 내 입장이 아니라 상대편의 생각을 해서, 그 사람에게 맞추어 우리가 사랑을 베풀 때에 그러한 열매가 맺어지는 법입니다.

여러분, 친구 관계나 학교 등의 인간관계에서 참으로 자비의 열매를 맺을 수 있기를 바랍니다. 내 입장에서 생각하는 것이 아닙니다. 상대편의 입장에서, 내가 어떻게 저 사람을 도울 것인가 하는 것이 성령께서 우리 삶을 통해서 맺는 열매입니다. 사람 사이에 왜 싸움이 납니까? 내 입장만 생각하고 상대편 입장은 생각하지 않으니까 문제가 생기고 시비도 생기는 것입니다.

자비의 열매는

내 입장이 아니라……
상대편의 입장에 맞추어 사랑을 베푸는 것이다!

어떤 사람을 제대로 이해하려면
만사를 그의 관점에서 생각해 보아야 한다.

좌로나 우로나 치우치지 말고

'자비와 양선과'

양선은 선한 일을 같이 만들어 나가는 열매요. 충성은 좌로나 우로나 치우치지 아니하고 한길로 주님 앞에서 꾸준하게 나아가는 것입니다.

우리나라의 역사를 살펴보면 치우치는 사람들이 남과 북을 이끌어 왔습니다. 북쪽은 왼쪽으로 치우친 사회입니다. 남쪽은 오른쪽으로 치우친 사회입니다. 다시 말해서 북한 공산주의 독재 체제는 왼쪽으로 치우친 극좌파입니다. 우리나라 과거 군사 지배나 독재 체제는 오른쪽으로 치우친 우파입니다.

성경은 뭐라고 말씀하십니까? 좌로나 우로나 치우치지 말라고 했습니다. 이 말은 성령을 받아 좌나 우로 치우치지 않은 사람이 이 나라의 지도자가 되어야 한다는 뜻입니다. 말씀으로 훈련받고 성령의 열매를 맺은 사람은 좌우로 치우치지 않으며 충성의 열매를 맺는 사람들입니다.

여러분같이 학생 때부터 말씀으로 자라고 성령의 열매를 맺으면서 성장하는 사람들이 이 사회의 지도자가 되어야 합니다. 여러분들이 각계각층의 지도자가 될 때에 이 나라가 제대로 서지 않겠습니까?

'충성과 온유와 절제니'

온유는 부드러운 것을 말합니다. 인간관계가 부드러운 것입니다. 성경 말씀에 온유와 겸손은 꼭 따라옵니다. 마태복음 11장 28절은 기독교 신앙의 핵심을 말해줍니다.

수고하고 무거운 짐진 자들아 다 내게로 오라 내가 너희를 쉬게 하리라 나는 마음이 온유하고 겸손하니 나의 멍에를 메고 내게 배우라 그러면 너희 마음이 쉼을 얻으리니 (마태복음 11:28~29)

인간관계에서 부드러운 것이 '온유'입니다. '겸손'은 하나님 앞에서 낮아지는 것을 말합니다. 이 '온유'와 '겸손'은 '예수님을 배우는 사람의 성품'입니다. 하나님께서 칭찬하시는 욥의 성품 네 가지 기억하지요?

'첫째, 순전하고, 둘째, 정직하고, 셋째, 하나님을 경외하고, 넷째, 악에서 떠난 자.'

이 네 가지와 갈라디아서 5장 22절 성령의 열매 아홉 가지.

'사랑과 희락과 화평과 오래 참음과 자비와 양선과 충성과 온유와 절제'

이를 다 합친 것이 바로 마태복음 11장 29절의 '온유와 겸손'입니다. 이는 누구의 성품입니까? '예수님의 성품'입니다. 온유는 사람 사이의 부드러운 인간관계요, 겸손은 하나님 앞에서 낮아지는 것입니다.

여러분, 하나님이 제일 싫어하시는 죄가 무엇입니까? '교만'입니다. 반대로 하나님이 제일 기뻐하시는 '예수님의 성품'이 바로 '겸손'입니다. 겸손한 사람은 하나님이 높여 주시고 교만한 사람은 하나님이 멀리하신다고 했습니다. 그래서 "너희는 내게 배우라" 하셨습니다. 바로 온유와 겸손을 배우는 것입니다. 온유와 겸손을 배우면 쉼을 얻습니다. 안식하고 평안을 누리며 살게 됩니다.

이 세상은 너무나 피곤하고 지친 사회입니다. 저는 미국에 계신 이상구 박사님과 친구입니다. 그분은 1년에 한 번씩 우리나라에 와서 건강에 대한 세미나를 합니다. 지난번에 와서는 이런 말을 해줬습니다.

"앞으로 10년, 20년 지나면 한국에 암 환자, 당뇨병 환자, 고혈압 환자가 무더기로 쏟아질 겁니다."

그래서 제가 "왜 그렇습니까?" 하고 물어봤습니다. 그랬더니 "중·고등학교, 특히 대학입시 때문에 고등학생 때 마음대로 뛰어놀지 못하고 책상 앞에 앉아서 하루 종일 시달리는데 그 스트레스가 어떻겠습니까?"

스트레스가 쌓이고 그것이 나중에 당뇨병이 되고 암이 되고 건강을 해친다는 뜻입니다. 만약 암에 걸렸더라도 2~3년 만에 발병하는 게 아니라 10~15년 가야 나타난다는 말입니다. 상당히 일리 있는 이야기다 싶었습니다.

놀지도 못하고 스트레스 받으며 욕구불만 쌓이고 쌓인 것이 나중에 몸에 증상으로 나타날 때에 병으로 나타난다는 겁니다. 그러나 신앙인은 스트레스에서 벗어날 수 있습니다.

"수고하고 무거운 짐 진 자들아 다 내게로 오라 내가 너희를 쉬게 하리라"

이 말씀이 가르쳐 줍니다.

수고하고 무거운 짐 진 자들아! 내게로 와라!

스트레스와 갈등과 온갖 어려움에 처해 있는 너희를 쉬게 하겠다고 말씀하십니다.

불교에 심취한 한때

저는 고등학교 때까지 교회를 잘 다녔는데 대학교 때 신앙을 잃어버렸습니다. 대구에 가면 보현사라는 절이 있습니다. 보현사에 찾아가서 주지 스님을 찾아뵙고 "스님, 제가 불도를 좀 배우러 왔습니다. 지도를 해주십시오." 하고 청했습니다.

보현사 주지 스님이 "어디에 사는 어떤 청년이신가?" 그래서 "시내 어떤 대학의 철학과 학생입니다만 그동안에 교회를 다니다가 기독교가 미신이다 싶어 그만두고, 무신론자로 있다가 부처님의 말씀을 배워볼까 해서 스님을 찾아왔습니다."

보현사 주지스님은 "청년, 잘했네! 기독교로 말하면 초등학교와 같고, 불교는 대학과 같네, 초등학교 나와서 대학으로 왔으니, 잘

한 거네!"하고 절 칭찬을 했습니다.

그리고 저에게 불경을 지도해 주었습니다. 『능엄경』이니 『금강경』이니…. 불교는 철학적인 종교이기 때문에 제 전공에 맞아서 열심히 따라 했습니다. 착실하게 따라 했더니 제가 마음에 드셨나 봅니다. 하루는 저를 아래위로 가만히 살펴보더니, 빙긋이 웃으시면서 "자네는 입산수도하면 크게 깨칠 상이여. 자네 얼굴이 법상이여." 법을 깨칠 상이라는 겁니다. 아마 스님 될 관상인가 봐요.

제 어머니는 그때도 목사 되게 해 달라고 저를 위해 기도하시는데 제가 입산수도해서 머리 깎고 들어가면 어떻게 되겠습니까? 결국 그 짓은 못했지만 대신에 저는 대구 시내 각 대학에 불교학생회를 만들고 간부로 나서고 열심히 활동을 했습니다.

여름엔 합천 해인사의 대웅전 같은 곳에서 법회를 여는데 수십 명 대학생을 데리고 갔습니다. 불교에서는 법회 열 때마다 우리가 예배 시간에 사도신경 신앙고백 하듯이 네 가지 서원을 합니다. 그것이 사홍서원(四弘誓願)이라고 합니다. 법회 시간에 한 사람이 선창을 하면 회중에 후창을 하면서 네 가지 서원을 드립니다.

첫 번째가 중생무변 서원도(衆生無變 誓願渡)입니다. 중생은 우리말로 말하면 거듭나지 못한 영혼을 뜻합니다. 중생무변, 거듭나지 못한 영혼, 즉 깨우치지 못한 백성이 무진장 많을지라도, 아무리 거듭나지 못한 심령이 무진장 많아도 다 건지기를 서원하나이다. 우리 교회로 말하면, 땅 끝까지 복음을 전하겠나이다. 그 뜻이 됩니다.

두 번째가 번뇌무진 서원단(煩惱無盡 誓願斷)입니다. 근심 걱정 번뇌가 무진장 많아도 다 끊기를 서원하나이다!

그래서 불교에서는 인간 번뇌를 108가지로 구분을 했습니다. 백팔 염주 하나하나가 고뇌 한 가지, 번뇌 하나씩입니다. 얼마나 세세하게 그것을 나누었는지 108가지 번뇌 중에 별별 것이 다 있습니다. 만나고 싶은 사람 못 만나는 번뇌, 만나기 싫은 사람 만나야 되는 번뇌···. 전부 108가지 이름을 붙였습니다. 그래서 백팔 염주를 가지고 하나씩 염주 알 굴리면서 '내가 이 번뇌 끊겠나이다.' 그렇게 번뇌 끊겠다고 서원을 합니다.

법회 열 때마다 사홍서원을 하는데 제가 목청이 걸걸하다고 저에게 주로 선창을 시켰습니다. 지금도 염불하라면 웬만한 주지 스님만큼 합니다. 제가 선창을 쭉 뽑으면 학생들이 후창을 했습니다.

열심히 했습니다. 번뇌 끊는다고 열심히 했습니다.

결론이 무엇인지 아십니까?

불면증에 걸렸습니다. 또 신경성 위장병에 걸렸습니다. 번뇌 끊는다고 그렇게 열심히 했는데 번뇌 끊는 게 다 뭡니까!

불면증 걸려서 새벽 3~4시가 지나도 잠이 안 오는 겁니다. 나중에 벽시계 종소리가 총소리처럼 들렸습니다. 신경이 날카로워져서 밤중에 일어나 벽시계 내려놓고 자려고 그렇게 애써도 제 영혼은 안식을 얻지 못하고 잠을 잘 수가 없었습니다.

6개월 동안 신경성 위장병 때문에 죽을 먹었습니다. 하도 소화가 안 되니까 나중에는 방에 앉아서 마당에 뛰어다니는 병아리를 봐도 '저 병아리는 어떻게 위장이 좋아서 저렇게 뛰어다닐까?' 하는 생각이 들었습니다. 병아리가 부러웠습니다.

언제 없어졌는지 아십니까?

그렇게 고생한 불면증, 위장병이 예수님을 구주로 영접하고 예수님 앞에 서게 되니깐 그냥 없어져 버렸습니다. 불면증 고쳐 달라고 한 번도 기도한 적이 없었습니다. 그냥 은혜 받은 것이 기뻐서 성경 읽고 전도하고 다녔는데 불면증이 저절로 없어져 버렸습니다. 그 뒤에는 위장병이 다 뭡니까? 안 줘서 못 먹고 없어서 못 먹지, 소화 안 되는 것이 어디 있습니까?

마태복음 11장 28절이 바로 그러한 말씀입니다.

수고하고 무거운 짐진 자들아 다 내게로 오라 내가 너희를 쉬게 하리라 (마태복음 11:28)

예수님 안에 안식이 있습니다.

이것이 바로 '복음'입니다.

예수님 안에서 우리 영혼이 안식하는 것, 평화를 누리는 것, 쉼을 얻는 것, 이것이 기독교 신앙의 핵심입니다. 성령께서 우리에게 주시는 가장 중요한 축복의 핵심은 바로 '예수님 안에서 쉼을 얻는 것'입니다.

나는 마음이 온유하고 겸손하니 나의 멍에를 메고 내게 배우라 그러면 너희 마음이 쉼을 얻으리니 이는 내 멍에는 쉽고 내 짐은 가벼움이라 하시니라 (마태복음 11:29~30)

예수님 안에서 여러분의 영혼이 쉼을 얻기를 바랍니다. 그래서 온유와 겸손의 덕이 깊어져 예수님의 형상을 닮아 어디 가든지 쉼을 얻고, 이 안식의 복음을 가는 곳마다 삶 속에서 전할 수 있는 예수님의 일꾼들이 되기를 바랍니다.

근심 걱정 번뇌 욕심 갈등 스트레스, 다 버려라!

내 속에 예수님의 자리를 마련하는 것이 안식이다.
이것이 복음이요, 영혼의 쉼을 얻는 길이다.

05

나눔

SHARING

저희가 사도의 가르침을 받아 서로 교제하며 떡을 떼며 기도하기를 전혀 힘쓰니라······ (사도

행전 2:42)

믿는 사람이 다 함께 있어 모든 물건을 서로 통용하고 또 재산과 소유를 팔아 각 사람의 필요를

따라 나눠 주며 (사도행전 2:44~45)

오직 성령이 너희에게 임하시면
너희가 권능을 받고
예루살렘과 온 유대와
사마리아와 땅 끝까지 이르러
내 증인이 되리라 하시니라
(사도행전 1:8)

뜨거운 사람이 뜨겁게 한다

변화는 말씀으로 시작된다

엠마오로 가는 두 제자

예수님이 십자가에서 처형당하신 뒤로 예수님을 따르던 제자들이 완전히 패배감에 사로잡혔습니다. 제자들은 예수님이 이스라엘 민족을 구원하실 구주로 믿었습니다. 그렇게 고대하고 기다리던 민족의 해방자, 메시야로 예수님을 믿고 따랐던 것입니다.

그러나 그 예수님은 아무 힘없이 십자가에서 숨을 거두었습니다. 이 때문에 제자들은 완전히 낙심과 허무감에 빠져 패잔병처럼 뿔뿔이 흩어졌습니다. 그 중에 성경에 누구라고 이름도 나와 있지 않은 두 제자가 '엠마오'라는 촌으로 가게 됩니다.

그 날에 저희 중 둘이 예루살렘에서 이십오 리 되는 엠마오라 하는

촌으로 가면서 이 모든 된 일을 서로 이야기하더라 (누가복음 24:13~14)

민족의 해방자, 메시야 예수로 따르던 그 예수님께서 너무 무기력하게 십자가에 죽자, 제자 두 사람은 이야기를 나누며 엠마오 마을로 갑니다.

저희가 서로 이야기하며 문의할 때에 예수께서 가까이 이르러 저희와 동행하시나 (누가복음 24:15)

그런데 이미 부활하신 주님께서 그들과 동행하셨습니다. 그들은 "내가 죽지만 사흘 뒤에 부활하리라"는 예수님 말씀을 전혀 귀담아 듣지 않았습니다. 그들의 상식적인 견해로는 믿을 수 없는 얘기였기 때문에 그렇게 이해되지 않는 말은 귓가로 흘려버렸습니다.

그리고 낙심한 채로 엠마오로 가는데 이미 부활하신 예수님이 그들과 나란히 동행하셨습니다. 예수님은 함께 걸으면서 성경 말씀을 풀어서 자기가 어떻게 될 것, 즉 3일 후에 부활할 것을 말씀하셨습니다.

저희가 서로 말하되 길에서 우리에게 말씀하시고 우리에게 성경을 풀어 주실 때에 우리 속에서 마음이 뜨겁지 아니하더냐 하고 (누가복음 24:32)

드디어 그들은 예수님의 말씀을 듣다가 주님인 줄 알게 됐습니다. 주님인 줄 알고 난 순간 예수님께서는 사라지셨습니다. 사라진 뒤에 그들은 "아, 우리가 몰랐구나! 길에서 우리에게 말씀을 들려주실 때에 그 말씀이 우리 심령에 닿아 마음이 뜨겁지 아니했느냐." 하며 깨달았습니다. 먼저 자기가 뜨거워져야 다른 사람을 뜨겁게 할 수 있습니다.

여러분은 공부하느라 아마 몸과 마음이 많이 지쳤을 것 같습니다. 지친 사람은 용기가 나지 않습니다. 먼저 여러분의 지친 마음과 몸을 예수님 안에서 뜨겁게 하시기를 바랍니다. 뜨거워진 사람만이 다른 사람을 뜨겁게 할 수 있습니다.

하나님의 양계법

두레마을에서는 양계를 하고 있습니다. 이 양계는 조금 특수한 양계입니다. 닭장 옆에서 살아도 냄새가 나지 않고 여름에는 파리 모기가 별로 없습니다. 게다가 닭들도 별로 소리 지르지 않습니다. 아주 순합니다. 모이도 하루에 한 번만 주고 닭똥도 치우지 않습니다. 3년에 한 번씩 닭똥을 치워 줍니다. 아주 편하게 먹입니다.

이 닭을 우리가 아주 자연스럽게 먹이니까 어떤 분들은 "두레마을 닭은 어떻게 그렇게 자연스럽고 병도 없고 냄새도 안 나게 할 수 있습니까? 우리도 그렇게 편하게 닭을 먹이고 싶습니다." 하며

"어떻게 했는데 중국집 매출이 세 배로 뛰었나요?"

"글쎄요……비결은 없고……그냥……
배달 가는 집마다 10초씩 투자해서
신발 정리를 해 주었는데요."

먼저
내가 뜨거워야
다른 사람을
뜨겁게 할 수
있습니다!

교육받으러 오곤 합니다.

한번은 강원도 농민이 오셔서 "목사님, 두레마을 양계법을 배우러 왔습니다. 여기 한 서너 달 살면서 봉사할 테니까 가르쳐 주십시오." 그래서 제가 말했습니다.

"뭐, 석 달 넉 달 살 거 없습니다. 간단합니다. 몇 마디만 들으면 됩니다."

"어떻게 그처럼 간단한지요?"

"닭이 하자는 대로 하면 됩니다."

그렇게 가르쳐 주었습니다.

그게 '하나님의 양계법' 이라는 것입니다.

하나님이 닭을 맨 처음 창조했을 때에 하나님이 부여해 준 닭의 체질이 있고 생리가 있고 닭의 습관이 있을 터인데, 그걸 조그마한 닭장 속에 가두어서 징역 살듯이 그렇게 기르면 되겠습니까? 닭의 생리대로 가능하면 편안하고 자연스럽게 키워야 합니다.

어차피 큰 다음에는 잡아먹을 텐데, 살아 있을 때 닭을 닭답게 맞도록 길러야지, 좁은 공간에 가두곤 닭을 볼 때마다 계란 생각하고 돈 생각하니깐 사람이 얼마나 좀스러워집니까. 그러니까 닭이 신경질이 나서 병이 들고 계란도 깨진 걸 낳고 하지요. 서로 안 맞는 겁니다.

그래서 우리는 하나님이 닭을 창조하신 솜씨를 생각하면서 편안하게 키우자 하는 생각을 하며 닭을 키웁니다. 그렇게 키우니까 병이 적습니다. 그렇게 건강합니다. 또 닭이 자연스럽습니다.

이 바람에 닭을 키우면서 배우는 게 많습니다. 다른 짐승들은 기생충 병균이 많은 데 비해 닭은 기생충이 매우 적습니다.

그 이유를 전문가에게 물어보았습니다.

"닭은 다른 짐승에 비해서 한 가지 다른 게 있습니다."

"뭐가 다릅니까?"

"닭은 피가 뜨거운 짐승입니다. 그래서 아마 기생충이 적을 겁니다. 기생충이 들어갔다가도 피가 뜨거워 죽어 버리든지 아니면 나가버리든지 그럽니다."

피가 뜨겁다는 것은 닭 건강의 조건입니다.

우리 성도들하고 닮았다는 생각을 했습니다. 예수님의 피로 우리가 구원받지 않았습니까? 예수님의 피로 구원받았으니까 우리는 세상 사람에 비해 영적으로 도덕적으로 정서적으로 건강합니다.

예수님이 우리를 사랑하여 우리를 위하여 죽으신 그 뜨거운 피를 우리가 받았으니, 그 피 덕에 우리가 건강하고 튼튼하고 건전한 백성들로 살아가는 것 아니겠습니까?

나쁜 피

제가 청계천 빈민촌에서 선교를 시작한 지 40년 가까이 흘렀습니다. 빈민촌 선교할 때 청계천 빈민촌에 한 깡패 대장이 있었습니다.

그 양반이 툭 하면 술을 먹고 와선 예배드리는 데에 방해를 합니다.

어느 날, 빈민촌 판잣집 바닥에 가마니 깔아 놓고 열댓 명 앉아서 예배드리는데 이 깡패 대장이 발로 문을 탁 차고 들어와선 "왜 허가도 안 받고 예배당 영업을 하는 거야!" 하면서 자기에게 신고도 안 하고 예배드린다고 트집을 잡기 시작했습니다.

그러더니 술 먹다가 소주병을 들고 와 벽에다가 탁, 깨고선 그 깨진 병을 제 목에다 갖다 대며 "오늘 헌금 거둔 거 나한테 반 갈라 줘." 매주 거둔 헌금에서 절반은 자기 몫으로 바치라는 것입니다.

제가 그 사람 때문에 얼마나 어려움이 많았는지, 한번은 헌금 거둔 몇 십 원 되지도 않는 걸 통째로 들고 가기에 "그건 안 됩니다. 그건 하나님 거니까 절대 손대면 안 됩니다." 하면서 헌금통을 잡았더니 "어쭈? 이게 기어오른다!" 하며 제 정강이 뼈를 어찌나 세게 차 버리는지 제가 그냥 거꾸러져서 뒹굴었습니다.

몇 번 그렇게 당하고 나니까 어찌 화가 나는지, 안 되겠다 싶어 밤늦게 오징어 한 마리 구워서 들고 갔습니다. 갔더니 그 양반은 술이 취해 자고 있기에 그 사람을 깨웠습니다. 오징어를 뜯어 먹으면서 이야기를 시작했습니다.

내가 이 동네에 왜 들어왔으며 나는 예수님을 어떻게 만났는지를, 또 방황하고 고민하고 희망 없는 사람으로 떠돌던 나를 예수님이 어떻게 붙드시고 어떻게 구원해 주셨는지 제 간증을 먼저 찬찬히 얘기하고 예수님 얘기를 했습니다. 그러자 그 양반이 마음에 감동이 됐는지 꿇어앉았더니 "나 같은 것도 예수 믿어도 될까요?"하고 묻는 것이었습니다.

"그럼요, 되고말고요. 예수님이 나나 당신 같은 사람을 위해서, 우리를 뜨겁게 사랑하여 이 땅에 오셔서 죽으셨습니다. 우리는 다 예수님께서 사랑하셔서 대신 죽으시고 살아난 영혼들입니다."

그래서 전도가 됐습니다.

그 양반이 "그동안에 내가 예배당에 가서 행패를 부리고 못된 짓 한 것은 참 죄송합니다만 나는 그렇게 해야 될 종자입니다."하고 이야기합니다. "무슨 말씀입니까? 못된 짓해야 할 종자가 따로 있습니까?" 그랬더니 자기 과거 얘기를 제게 했습니다.

옛날에 자기 어머니가 행실이 좋지 않아서 아버지가 없을 때에 아버지 친구하고 좋지 않은 관계를 맺었다는 것입니다. 그런 관계를 맺은 뒤 딱 열 달 뒤에 자기가 태어났답니다. 세상에 참 별일도 다 있지요.

딸만 있고 아들이 없었던 그 아버지 친구가 자기 아버지한테 찾아와선 하는 말이, 이번에 낳은 아들이 네 아들이 아니고 내 아들이다. 열 달 전에 이러이러한 일이 있었는데 이번에 아들 낳았잖냐? 내가 데려가겠다. 씨가 내 씨다. 그러자 그 아버지가 무슨 소리 하느냐며 서로 싸워 사이가 나빠지고 아들을 주지 않았답니다.

그 후 이 아버지는 자기가 자라는 동안에 방에 들어갈 때 나갈 때마다 한 번씩 쥐어박고 "이건 내 씨 아니여, 내 자식 아니여."하면서 구박하니까 어려서부터 마음에 상처를 받았다는 것입니다.

'아, 나는 나쁜 씨구나. 내 속에는 나쁜 피가 흐르는구나. 내 속에는 더러운 피가 흐르는구나. 더러운 피가 흐르는 사람은 더럽게 살아야지. 나쁜 피가 흐르는 사람은 좋은 사람이 될 수 없지. 나는 깡패 짓이나 하자!' 그래서 깡패 대장이 됐다는 것입니다.

이야기를 다 듣고 제가 찬찬히 설득을 했습니다.

"겉으로 보니 복잡하구만요. 그러면 피를 바꿉시다."

"아이고, 선생님. 저도 알아볼 만치 알아봤습니다. 사람 몸의 피를 삼분의 일인가 얼마를 바꿔 버리면 죽는답니다." 그 사람은 피수혈하는 걸 생각한 거죠.

"그렇게 바꿔 봐야 사람의 피가 비슷비슷하지 않겠습니까? 깨끗하고 효과 100퍼센트 있는 피로 바꿉시다."

"그런 피가 어디 있습니까?"

"예수님의 피로 바꿉시다. 우리는 예수님의 피로 말미암아 구원을 받습니다. 주님의 피로 바꾸면 아버지로부터 물려받은 그 나쁜 피는 다 사라지고 새로운 사람, 하나님의 사람이 됩니다."

그러면서 제가 오래전에 성경 읽다가 구원받은 에베소서 1장 7절 말씀을 같이 함께 읽었습니다.

우리가 그리스도 안에서 그의 은혜의 풍성함을 따라 그의 피로 말미암아 구속 곧 죄 사함을 받았으니 (에베소서 1:7)

우리는 예수님의 피로 말미암아 구원받았다는 말씀입니다. 저는 대학을 졸업하고도 2년이나 뒤에 이 말씀을 읽고 은혜를 받아서 예수님을 영접했습니다.

이 말씀을 찬찬히 설명을 한 후, 조상으로부터 물려받은 사람의 피는 더러울지라도 예수님의 피로 말미암아 피가 새로워지는 하나님의 백성이 되자고 했습니다. 그렇게 전도를 했습니다. 그 뒤로 그 어른은 청계천 빈민 선교의 오른팔이 되어서 제 사역을 도왔습니다. 예수님의 피가 우리를 뜨겁게 하는 겁니다.

예수님의 피가 우리를 새롭게 하는 겁니다. 예수님의 피가 세상에서 소망 없는 패잔병 같은 우리들을 뜨겁게 하고 새롭게 하고, 그리고 하나님의 백성으로 바꾸어 주는 것입니다.

오직 성령이 임하시면

누가복음 24장을 다시 봅시다. 주님이 십자가에 달려 돌아가시자 예수님의 제자들은 기진맥진하고 패잔병처럼 낙오자가 돼서 엠마오로 가고 있던 중에 주님께서 길을 함께 하시며 말씀을 그들에게 전해 주자 "우리들에게 말씀을 풀어 주실 때에 우리 속에서 마음이 뜨겁지 아니하더냐." 하는 고백을 했습니다.

여러분도 그때처럼 예수님의 말씀이 여러분의 심령에 닿아서 여러분의 마음이 뜨거워지는 역사가 있기를 바랍니다.

볼찌어다 내가 내 아버지의 약속하신 것을 너희에게 보내리니 너희는 위로부터 능력을 입히울 때까지 이 성에 유하라 하시니라 (누가복음 24:49)

아버지께서 약속하신 것을 너희에게 보내겠다고 하셨습니다. 우리 주님께서 승천하시기 전에 "내가 너희에게 약속하신 것을 보낸다."고 하셨는데 어디로부터 온다고 했습니까? 위로부터, 그리고 아버지의 약속하신 것을 기다리라는 분부를 하셨습니다.

이와 똑같은 말씀이 사도행전 1장 4절에 있습니다. 이 누가복음의 결론에 있는 말씀이 사도행전의 서론에 있습니다. 그래서 누가복음과 사도행전은 같은 저자가 썼다고들 말합니다.

사도와 같이 모이사 저희에게 분부하여 가라사대 예루살렘을 떠나지 말고 내게 들은 바 아버지의 약속하신 것을 기다리라 (사도행전 1:4)

같은 말씀이지요? "아버지께서 약속하신 것을 기다려라." 위로부터 오는 것, 하늘로부터 오는 것, 아버지께서 약속하신 것을 기다리라고 그랬습니다. 아버지께서 약속하신 것, 위로부터 임하는 것, 그게 무엇이겠습니까?

짐작이 되십니까? 5절 말씀에 그 해답이 있습니다.

요한은 물로 세례를 베풀었으나 너희는 몇 날이 못되어 성령으로 세
례를 받으리라 하셨느니라 (사도행전 1:5)

성령 세례라는 것입니다. 위로부터 임하는, 아버지께서 약속하
신 것이 무엇입니까? 성령입니다. 성령!
성령 세례를 받을 때까지 기다리라고 당부하셨습니다. 그러나 예
수님의 제자들은 마지막 순간까지 이 말씀에 대해서 이해를 하지
못했습니다. 예수님이 승천하시기 직전에 그들은 질문했습니다.

저희가 모였을 때에 예수께 묻자와 가로되 주께서 이스라엘 나라를
회복하심이 이 때니이까 하니 (사도행전 1:6)

예수님이 승천하시기 직전인 마지막 순간까지 예수님의 제자들
은 예수님에 대해 바르게 이해하지 못했습니다. 예수님을 이스라
엘 민족의 정치적인 해방자로 이해했습니다. 그 당시 이스라엘은
로마의 식민지로 고통당하고 있었기 때문입니다. 그래서 예수님
의 제자들은 예수님이 승천하시기 직전까지 우리를 로마의 지배
에서 해방시켜 줄 때가 지금이냐고 질문하며 끝까지 예수님을 정
치적인 해방자로 생각했습니다.
성경학자들은 이 질문을 예수님의 제자 가운데 시몬이 했을 것
이라고 해석합니다. 왜 시몬이었을 것이라고 하는가 하면 요즈음

말로 하면 시몬은 운동권 출신입니다. '열심당 시몬'이라고 말합니다. 열심당은 원어로 '젤로트(Zealot)'라고 합니다. 젤로트는 폭력으로 이스라엘의 독립을 쟁취하기 위한 비밀 결사 조직입니다. 무력으로 비밀 결사대를 조직해서 로마군을 격퇴하고 민족의 독립을 얻으려는 단체입니다. 거기에 속했던 사람이 시몬입니다.

예수님은 그런 폭력혁명을 부르짖는 열심당 소속인 줄 알고도 시몬을 제자로 받아 주었습니다. 시몬의 특징은 예수님을 모시는 동안에 한마디 말도 없었다는 점입니다. 침묵의 제자 시몬이었습니다. 그런데 마지막 예수님이 승천하시기 직전에 1장 6절 말씀에서 이 한 마디를 물었습니다.

"주님이 우리를 식민지에서 해방시켜 주실 때가 지금입니까?"

한국에도 그렇게 예수님을 이해하는 분들이 있습니다. 옛날 박정희 대통령 때나 5공 시절에는 군사독재에서 해방시켜 주시는 정치 지도자, 또는 혁명가로, 요즈음은 남북통일을 이루시는 민족 해방의 주인 예수님으로 그렇게 한정 지어서 예수님을 이해하는 경우가 있습니다. 이 때에 우리 주님께서는 다음과 같이 대답하셨습니다.

가라사대 때와 기한은 아버지께서 자기의 권한에 두셨으니 너희의 알 바 아니요 오직 성령이 너희에게 임하시면 너희가 권능을 받고 예루살렘과 온 유대와 사마리아와 땅 끝까지 이르러 내 증인이 되리라 하시니라 (사도행전 1:7~8)

오직 성령이 너희에게 임하시면!

예수님의 대답은 동문서답 같습니다. 내가 이 민족을 언제 해방시켜 주겠다. 이 말이 아니고 예수님의 대답은 성령 문제입니다. 로마군이 언제 물러가느냐, 이스라엘 민족이 언제 해방되느냐, 이런 문제는 지엽적인 문제고, 모든 인간의 삶과 인간 역사의 본질 문제는 '오직 성령님이 임하시는 문제'입니다.

오직 성령이 임하시면!

'오직'이란 말은 영어 성경에는 'only'라고 쓰여 있습니다. 왜 그말이 붙었습니까? 다른 길은 없다는 말입니다. 오직 하나, 유일한 선택, 유일한 길, 성령이 임하시는 것 외에는 길이 없기 때문입니다. 그래서 오직 성령이 너희에게 임하시면 너희가 권능을 받는다고 했습니다. 영어로 'power'입니다. '성령이 임하시면 너희가 'power', 즉 권능을 받는다. 힘을 받는다.'

이 세계는 힘의 질서가 지배합니다. 권력의 힘, 물질의 힘, 정신의 힘, 기술의 힘. 이 세계는 힘의 세계입니다. 교회의 힘은 무슨 힘이겠습니까?

성령이 임하시는 힘입니다. 그건 어디로부터 임한다고 했습니까? 위로부터 임하는 하나님의 약속이라고 했습니다. 우리에게 가장 중요한 것은 무엇입니까?

여러분은 이제 고등학교를 졸업을 하고 대학시험을 칠 나이들입니다. 본질에 대해 생각할 때가 됐습니다. 대입시험이야 둘 중의

하나, 합격 아니면 불합격 아니겠습니까? 그건 기다리면 됩니다.

중요한 것은 위로부터 임하는 약속입니다. 그것이 인간에 있어서 가장 근본적인 문제입니다. 그래서 주님은 "오직 성령이 임하시면 너희가 권능을 받고 예루살렘과 유다와 사마리아와 땅 끝까지 이르러 내 증인이 되리라."고 하셨습니다. 땅 끝까지 가서 증인이 되는 것입니다.

저는 이 말씀을 읽을 때마다 자부심을 느낍니다. 두레마을은 땅 끝이거든요.

여러분, 활빈교회에 가보신 적이 있는지 모르겠습니다. 활빈교회는 바닷가에 있습니다. 땅 끝에 있습니다. 그래서 제가, 우리 활빈교회는 가장 성경적으로 사는 교회다. 나는 굉장히 성경적인 목사다, 그렇게 자부심을 가집니다. 땅 끝까지 복음을 전하라고 하셨는데 우리는 바닷가 땅 끝에 교회를 세웠으니까 가장 성경적인 목사라고 자부심을 가집니다.

땅 끝까지 이르러 증인이 되라고 했는데, 위로부터 임하는 성령을 받고 능력을 받은 증인이 되기를 바랍니다.

다이내믹, 그것은 생활 속의 열매입니다

원래 신약성경은 헬라어로 쓰고 구약성경은 히브리어로 쓰였는데, 헬라어로 권능은 '두나미스(dunamis)'입니다. 두나미스란 말에는 영어 단어 두 개가 있습니다.

하나는 '다이너마이트(dynamite)'입니다. 비슷하지요? 두나미스와 다이너마이트. 산을 깨뜨리고 집을 무너뜨리는 다이너마이트의 폭발적인 힘, 그것이 두나미스, 성령의 힘입니다. 성령을 받으면 강퍅한 심령이 녹아지고 깡패도 뒤집어져서 성자가 됩니다. 또 성령님의 힘이 임하면 폭발적으로 역사하는 힘이 있습니다.

그런데 성령 받아서 다이너마이트처럼 뒤집어지기만 하면 곤란합니다. 내일이 시험인데 자꾸 기도하다가 뒤집어지면 시험 준비는 언제 합니까? 그렇잖습니까? 가정주부가 설거지하다가 뒤집어지면 그릇 다 깨지 않겠습니까? 그러니까 성령 받아서 다이너마이트처럼 뒤집어지기만 해도 곤란한 것입니다.

그래서 두나미스의 두 번째 단어가 '다이내믹(dynamic)'입니다. 두나미스와 다이내믹도 비슷하지요? 다이내믹이라는 말의 뜻은 다이너마이트와는 다릅니다.

다이너마이트는 폭발적으로 뒤집어지고 새로워지는 역사인데, 다이내믹은 그렇지 않습니다. 꾸준하게 날마다 생활 속에서 열매를 맺어 나가는 성령의 힘, 그게 다이내믹입니다.

마치 나무가 자라듯이, 어린아이가 자라듯이, 하루 이틀 사흘 지나 보면 크는 것 같지 않은데 한 달 두 달, 일 년 이 년 지난 뒤에는 자란 것이 나타납니다. 생활 속에서 변화하고 자라고 열매 맺는 그 힘, 그게 다이내믹한 힘입니다. 즉 생활 속에서 은혜로운 가정에서 경건한 교회 속에서 한 해 두 해 갑자기 뒤집어지고, 폭발적인 변화는 없어도 꾸준하게 예수님 안에서 자라가는 그 삶의 과정입니다. 성령님의 열매입니다.

이 두 가지를 합쳐서 성령 충만이라고 부릅니다. 성령의 권능은 다이너마이트처럼 뒤집어지는 역사, 폭발적인 변화와 다이내믹한 성령의 능력, 즉 꾸준하게 자라가는 삶의 과정입니다. 그런데 우리가 교회생활에서 잘못 생각하는 것이 있다면 자꾸 다이너마이트처럼 뒤집어지는 것에 치우치는 경향이 있습니다. 부흥회는 부흥 강사님이 열변을 토하며 3박 4일 동안에 뒤집어지는 역사를 중요시합니다. 때문에 교회나 일상생활에서 한 주일 한 주일 충성스럽게 은혜를 사모하고, 기도 생활하고, 전도하고, 성도들끼리 교제하는 그러한 다이내믹한 생활은 등한시하기 쉽습니다.

저는 오래전에 안양교도소에서 징역을 산 적이 있습니다. 안양교도소에는 큰 죄를 지은 전과자들이 오는 곳입니다. 초범들은 없고 3범 4범 이상인 중죄수 4,300명이 안양교도소에서 형을 삽니다. 교도소에는 한 주일에 한 번씩 종교 시간이 있는데, 한 달에 두 번은 목사님이 오시고, 한 번은 스님이 오시고, 한 번은 신부님이 오셔서 종교 강연을 하십니다.

한번은 한얼산기도원 원장으로 계시는 이천석 목사님이 강사로 오셨습니다. 이 어른은 상이군인, 깡패가 되어 아주 못된 짓 하고 다니다가, 다이너마이트처럼 성령 받고 뒤집어져서 목사가 된 다이너마이트 파의 대표적인 분입니다. 이런 경력을 가지신 분이 강사로 오셔서 4,300명 죄수를 다 강당에 모아놓고 강의를 합니다. 저도 푸른 죄수복을 입고 4,300명 죄수 가운데 앉아 있었습니다.

이천석 목사님이 강대상에 서시더니 첫 마디가 "나는 별이 다섯 개인데…."입니다. 5성 장군이란 말이 아니고 감옥에서는 한 번 감옥에 갔다 오면 별 하나 달았다고들 그럽니다. 그러니까 전과 5범이라는 뜻입니다. 4,300명 죄수들 앞에서 위엄이 짐짓 섭니다. 전과 5범 대선배가 왔으니까 알아줘야 할 게 아닙니까?

"내가 별이 다섯 개인데…."

말 시작부터 벌써 조용해집니다.

"내가 명동에서 냄비 하나 달고 명동 거리를 걷는데 까마귀가 나를 꽉 찍길래 내가 인상을 확 찌그렸더니…."

감옥을 다섯 번 드나든 분이니까 감옥에서 쓰는 말을 잘 아는 겁니다. 냄비는 여자를 말하고 까마귀는 경찰을 뜻합니다. 명동에서 여자 하나 달고 가는데 경찰관이 자기를 불렀다는 말입니다. 그래서 자기가 인상을 썼다는 뜻입니다. 이렇게 시작해서 줄줄이 간증을 하자 죄수들이 은혜를 많이 받았습니다. 대선배가 미녀를 옆에 데리고 명동을 가다가 경찰관을 우습게 봤다니까 얼마나 은혜가 있습니까?

그 어른의 간증은 아주 특별합니다. 은혜를 받고 분위기도 좋았는데 마지막에 이 어른 하시는 말씀이 "너희들도 나처럼 예수 믿고 목사 돼서 대접받고 자가용 탈 사람 일어서!" 그러자 4,300명 죄수 중에 700명이 목사가 되겠다고 일어섰습니다.

저는 가슴이 철렁했습니다. 자동적으로 '아이고, 예수님 저 어른들 집사까지만 되게 해 주시고 목사까지는 안 되는 게 좋겠습니다.' 하는 기도가 나왔습니다. 사기꾼, 강간범, 절도범, 이런 사람들이 700명이나 목사가 되면 앞으로 한국 교회가 얼마나 시끄러워지겠습니까? 집사 돼서 만약 안 좋은 버릇이 나오면 집사는 떼면 되는데 목사나 장로가 되면 골치 아프지 않겠습니까? 그래서 기도했습니다.

여러분, 오해하지 마시기 바랍니다. 전과자가 목사 되면 안 된다는 것이 아니라 이천석 목사님처럼 깡패 되고, 전과자 되고, 사기 치던 사람이 성령 받고 뒤집어져서 목사 되는 그런 경우도 있지만, 더 중요한 것은 다이내믹한 은혜로 중·고등학생 때부터 말씀을 사모하고, 기도 생활하고, 경건하게 살고, 건전한 인격과 도덕성을 닦으며 자란 사람, 그런 사람이 목회자가 되는 것이 바람직하다는 말씀입니다.

깡패, 전과자들이 성령 받고 목사가 되면 다이너마이트처럼 은혜가 충만할 때는 좋은데 은혜가 식어 버리고 나중에 시험 들어 장로님하고 말다툼하다 헤딩해 버리면 장로님 이빨 다 나가고 그리렇게 되지 않겠습니까?

자꾸 뒤집어지는 역사만 생각을 하니까 무슨 짓을 하다가도, 아무릇게나 살다가도 성령 받고 뒤집어지면 큰 종이 되는 경우에 끌리게 됩니다. 10년, 20년 경건한 삶을 젊을 때부터 살아가는 것, 그것이 훨씬 더 중요하지 않겠는가 하는 이야기입니다.

세례도 가지가지

빈민촌 선교를 할 때에 술 먹고 나면 사람을 괴롭히는 사람을 전도한 적이 있었습니다. 이 사람은 20대 후반인데 얼마나 주먹이 센지 술만 먹으면 술버릇이 나와서 만나는 사람 패고, 헤딩을 하면 이빨이 나갑니다. 이 사람은 열심히 넝마주이를 해서 돈을 벌어서는 이빨 치료해주는 데 다 써 버립니다.

제가 그 사람을 전도했습니다. 같이 넝마주이하면서 전도했는데 이 사람이 예수를 믿고 얼마나 착실하게 변했는지 술도 끊고 세례 받고, 총각이지만 집사로 세웠습니다. 앞으로 잘 지도해서 활빈교회 장로로 세워야 되겠다고 생각도 했습니다.

그렇게 일 년쯤 지난 어느 날, 밤중에 바깥이 하도 소란해서 잠이 깨서 나갔더니 웬일인지 일 년간 술을 입에도 대지 않던 이 총각 집사가 술을 잔뜩 먹고 교회 지붕에 올라가 있습니다. 소주병을 손에 들고 교회 지붕을 왔다 갔다하며 달 밝은 밤하늘을 쳐다보고는 "하늘님, 내려오시라요. 한잔 합시다래!" 하고 소리를 지르는 것입니다. 제가 깜짝 놀라서 "아, 이 사람아. 뭔 짓 하는 거요?"

하고 지붕 쪽을 쳐다보고 소리를 질렀습니다.

지붕이라도 판자촌 지붕은 올라가기 쉽습니다. 보통 집과는 다릅니다. 그 청계천 강둑에 붙은 집이라 둑을 타고 올라가면 쉽게 올라갑니다. "내려와! 이 사람아. 뭔 짓 하는 거야." 그러자 "어? 돌팔이 목사님도 나오셨구만요." 지붕 위에서 혀 꼬부라진 소리로 저를 향해 술병을 들면서 "돌팔이 목사님도 이리 올라오시라요. 이리 오셔서 돌팔이 목사, 돌팔이 집사, 돌팔이 하나님, 끄윽, 삼위일체가 한잔 나눕시다." 그러는 겁니다.

제가 "이 사람아, 쓸데없는 소리 하지 말고 내려와." 했더니 이 사람이 비틀거리면서 내려오는데 혹시 내려오다가 발을 헛디뎌 넘어져서 목이라도 다치면 큰일이다 싶어서 밑에서 받쳐 줬습니다. 판자촌 지붕은 낮으니까 발돋움하며 붙들어 주면서 "조심해, 떨어지면 다쳐!" 쳐다보고 받쳐 주는데, 빈속에 술하고 안주하고 잔뜩 먹은 사람이 내려오다가 제 얼굴에 그만 토해 버렸습니다. 그 바람에 오물을 몽땅 뒤집어썼습니다. 얼마나 그 냄새가 지독한지, 뱃속에서 나오는 게 어찌 그렇게 냄새가 지독합니까?

'야, 참 세례도 가지가지다.'

그 사람을 방에 들여보내고 펌프 물 받아 몸에 밴 냄새를 뺐습니다. 냄새가 잘 빠지지도 않습니다. 달밤에 우물가에서 체조한 셈입니다. 이 바람에 새벽에 화가 나서 잠도 못 자고 투덜투덜하고 있는데 이 총각 집사가 그동안 술이 깨서 와서는 "어제 제가 술

김에 뭐 실수한 건 없습니까? 죄송합니다."

"이 사람아, 죄송하다고? 실수한 게 없느냐고? 앞으로는 지붕에 언제 올라갈지 미리 말이나 하게, 사다리라도 갖다 놓게."

잘 나가다가 일 년에 한두 번씩 옛날 습관이 나오는 것입니다.

깡패, 마약 중독자같이 온갖 못된 짓 다 하다가 성령 받고 뒤집어져서 큰 종 되는 그런 간증만 좋아하는 사람들이 있는데, 신앙생활은 그보다는 학생 시절부터 정말 경건한 삶을 살고, 도덕성을 가지고, 인격이 성숙되고, 자기 사명을 깨달으면서 꾸준하게 10년, 20년 하나님의 사람으로 살아가는 그러한 성령의 능력이 더 중요하다는 것입니다. 제가 이러한 경험을 통해서 배운 점입니다.

여러분들은 그런 성령의 능력에 주목하시고 여러분 나이 때부터 하루하루를 하나님 앞에서 진실하고 경건하게 사명을 품는 젊은이로 자라기를 바랍니다.

그런 뜻에서 사도행전 1장 8절을 다시 한 번 강조해 봅니다.

오직 성령이 너희에게 임하시면 너희가 권능을 받고 예루살렘과 온 유대와 사마리아와 땅 끝까지 이르러 내 증인이 되리라 하시니라

(사도행전 1:8)

권능이라는 말 이해하셨지요?

'두나미스'에는 두 가지 뜻이 있다는 것. 급격한 변화로 갑자기

뒤집어지는 역사, 또 하루하루 살아가는 삶 속에서 보이지 않게 맺어지는 역사, 이 둘을 합친 것이 다 성령의 권능이라고 말씀드렸습니다.

증인 정신, 순교자 정신

그러면 그러한 권능을 왜 받습니까? 권능 받으면 예루살렘과 유다와 사마리아와 땅 끝까지 이르러 증인이 되라고 하셨습니다. 우리 식으로 표현하면 서울과 한국과 아시아와 세계에 증인이 되라는 것입니다.

우리 주변에 전도할 사람이 많지요? 서울만 해도 예수 믿지 않는 사람이 많습니다. 그러면 '우리 교회는 서울 시내 전도를 다 끝내고 아시아 선교를 해야지. 그리고 한국에 7,000만 동포가 다 예수님을 구주로 믿고 난 뒤에 아프리카 선교 해야지.' 하고 생각하게 되지 않습니까?

그러나 본문은 동시적인 선교를 이야기합니다. 예루살렘 다 전도하고 유대 다 전도하고 사마리아 전도하고 그 다음에 세계로 나아가라는 말씀이 아닙니다. '예루살렘과 유대와 사마리아와 땅 끝까지'는 동시적인 시간입니다. 땅 끝까지 전도하는데 그 속에는 예루살렘도 들어 있고 유다도 들어 있고 사마리아도 들어 있는 것입니다. 그러니까 농촌 선교, 서울 선교, 북한 선교, 해외 선교 이 모두를 다 한꺼번에 하는 증인이 되어야 합니다.

증인이란 말은 참 중요합니다. 원어 성경에는 '마르투스 (martus)'라고 되어 있습니다. '마르투스', 증인이라는 말은 영어 성경에는 '마터(martyr)'로 나옵니다. '마르투스'라는 헬라어가 변해서 '순교자'란 뜻의 '마터'라는 말이 나왔습니다. 성령 받고 권능 받으면 증인이 되는데 순교자적 증인이 되어야 한다는 말씀입니다.

그러면 지금 여러분이 공산권이나 회교권에 가서 순교자가 되면 증인이 되는 것입니까? 순교자가 되는 증인이란 무엇입니까? 이 본문에 대한 이해를 잘해야 합니다. 그것은 순교자의 각오를 가지고 증인으로서 사는 것을 의미합니다. 어떤 사람은 교사로서, 어떤 사람은 기업인으로서, 어떤 사람은 성직자로서 순교자의 결단을 가지고 증인으로서 살아가는 삶이 우리 시대 증인의 삶이라 하겠습니다.

그런데 우리 한국 청년들은 은혜를 받으면 신학교를 많이 가려고 합니다. 그래서 신학교가 318군데입니다. 매년 1만 3,000명이 신학교를 졸업합니다. 그러다 보니 신학교가 너무 많아졌습니다. 그렇게 되면 신학교의 질이 떨어지고 목사님들의 질이 떨어져서 별별 목사님들이 다 나옵니다. 목사님들의 질이 떨어지는 것은 심각한 문제입니다. 은혜 받았으니까 신학교 간다는 것은 증인에 대한 이해를 제대로 못해서 그렇다고 생각합니다.

순교자적인 증인이 된다 함은 신학교 가서 목사 되고 해외 선교사로 나가서 순교하는 삶만을 말하는 게 아닙니다. 평신도로, 가정주부로, 혹은 장사꾼으로, 선생님으로, 농사짓는 사람으로서 자기가 서 있는 그 자리에서, 순교자가 되는 결단을 갖고 증인으로서 사는 것을 말합니다. 이것이 진정한 신앙인의 삶과 그 정신이라 하겠습니다.

내 소유 없기

두레마을에는 뜻이 있는 청년들이 많이 모여 있습니다. 대학 출신, 대학원 출신, 초등학교도 못 나온 사람, 할머니, 할아버지, 어린아이…. 108명 식구가 무소유 공동체로 살아갑니다.

'네 것 내 것 따지지 말고 같이 살자.'

쉽게 말해서 두레마을에서는 마누라 외에는 다 같이 씁니다. 마누라도 같이 쓰면 큰일 나지 않습니까? 다른 물질은 다 예수님이 주신 것이므로 같이 쓰고 같이 삽니다. 그것도 사도행전에서 배운 원칙입니다.

저희가 사도의 가르침을 받아 서로 교제하며 떡을 떼며 기도하기를 전혀 힘쓰니라 (사도행전 2:42)······ 믿는 사람이 다 함께 있어 모든 물건을 서로 통용하고 또 재산과 소유를 팔아 각 사람의 필요를 따라 나눠 주며 (사도행전 2:44~45)

증인이란 무엇입니까?

'성도의 교제'를 '코이노니아(koinonia)'라고 합니다. 떡을 떼었다는 것은 간식을 먹었다는 말이 아닙니다. 성만찬, 신앙고백을 말합니다. 예수님의 피와 살을 기념해서 떡과 포도주를 나누는 성만찬, 신앙고백을 중심으로 모였다는 말입니다.

"믿는 사람이 다 함께 있어 모든 물건을 서로 통용하고"

네 것 내 것 없이 다 예수님의 것으로 알고 썼다는 것입니다.

"또 재산과 소유를 팔아 각 사람의 필요를 따라 나눠 주고"

두레마을에는 3대 원칙이 있습니다.

첫째, 두레마을은 예수님이 다스리는 마을이며, 예수님이 이장이십니다.

둘째, 두레마을은 사랑의 법만 있습니다.

셋째, 두레마을은 능력에 따라 일하고 필요에 따라 씁니다.

바로 사도행전 2장 45절의 내용입니다. 돈 많은 사람은 많이 쓰고 적은 사람은 적게 쓰는 것이 아니라, 능력이 있는 사람은 일을 많이 하고 몸에 병이 들거나 필요함이 많은 사람은 필요에 따라 많이 씁니다. 사도행전 2장에 나오는 성령 공동체대로 성경적으로 사는 증인의 삶이 저희 두레마을의 목표입니다.

그렇다고 해서 다른 교회도 다 그렇게 하라는 것이 아닙니다. 단지 두레마을의 삶이 이렇다는 것을 소개해 드린 것입니다. 저희는 이런 모습으로 헌신을 합니다. 여러분이 일반 교회에서 그렇게 하다가는 오히려 시험에 듭니다.

본래 교회는 공동체이지만 그 공동체로 살아가는 모습이 도시 교회는 도시 교회답게, 농촌 교회는 농촌 교회답게, 두레마을은 두레마을답게 증인으로서 삶의 특징과 적용이 각각 다른 것입니다.

날마다 마음을 같이 하여 성전에 모이기를 힘쓰고 집에서 떡을 떼며 기쁨과 순전한 마음으로 음식을 먹고 하나님을 찬미하며 또 온 백성에게 칭송을 받으니 주께서 구원받는 사람을 날마다 더하게 하시니라 (사도행전 2:46~47)

이 말씀은 성령을 받고 진리를 깨달은 후 성령 공동체가 되어서 신앙고백을 중심으로 교제하며, 떡을 떼며, 기도하며, 네 것 내 것 없이 통용하고 마음을 같이해서 순전한 마음으로 욕심 없이 살았다는 뜻입니다.

그래서 두레마을의 둘째 원칙은 '두레마을에는 사랑의 법만 있다. 세상 법으로 따지지 말고 예수님께서 죽기까지 뜨겁게 사랑하셔서 보여 주신 그 사랑의 법으로 살자'입니다.

그런 삶의 결과가 바로 사도행전 2장 47절 말씀입니다.

"하나님을 찬미하며 또 온 백성에게 칭송을 받으니"

그렇게 사는 것을 예루살렘 시민들이 칭찬을 했습니다. 그들의 사랑과 나눔을 보고 실천하는 삶을 보고 칭찬했다는 것입니다. 그래서 칭송을 받게 되었고 그 결과로 구원받는 사람이 날마다 늘어났습니다. 선교가 됐다는 말입니다.

전도지 들고 나가서 "예수 믿읍시다." 하는 것만이 선교는 아닙니다. 그것도 선교의 한 부분이겠지만 근본적으로는 성경적으로 살고, 성령 받은 사람들이 서로 나누고 통용하는 것을 의미한다고 하겠습니다.

사랑과 순전한 마음으로 함께 먹고 함께 마시고 기쁨과 슬픔을 나누는 공동체의 삶을 살자, 그 소문이 퍼져서 구원의 역사가 일어났습니다. 성령 안에서 능력이 나타난 것입니다.

공동체, 그 안에 치유가

두레마을 식구 중에 다리를 조금 저는 분이 계십니다. 1990년 1월 초등학교 6학년 된 딸을 데리고 두레마을에 왔습니다. 그 전에는 앉은뱅이여서 걷지를 못했습니다. 나이 사십에 고혈압에 걸려 앉은뱅이가 되어 버린 것이었습니다. 앉은뱅이가 되자 부인이 도망을 가 버렸습니다.

요즘 여자들 의리가 없어요. 건강할 때는 같이 살다가 병들어 앉은뱅이가 되니깐 도망가 버리는 것입니다. 그래서 부녀가 할렐루야 기도원이 병 낫는 역사가 많다는 소문을 듣고, 할렐루야 기도원엘 갔답니다. 암 환자도 낫고 실제로 많이 낫는다고 합니다. 그런데 이 사람은 할렐루야 기도원에서도 낫지를 못했습니다.

병은 안 낫고 양식도 없고 어려워지니까 할렐루야 기도원에서 누가 저를 알았는지, 저에게 보내는 메모를 적어서 두레마을로 보냈습니다. 앉은뱅이 아버지 모시고 초등학교 6학년 딸이 다음 내용의 쪽지를 가져왔습니다.

김진홍 목사님께

"예수님 같으신 목사님께서 이 불쌍한 환자를 받아 주실 줄 믿습니다."

그 쪽지를 보고 마을 식구들이 화를 냈습니다.

"예수님 같으신 목사님이라고? 자기들이 예수 하지 왜 우리한테 떠넘기나? 자기들은 암 환자도 감기 낫듯이 낫는다고 소문내 놓고 우리 동네가 뭐 병자 고치는 데냐? 다시 돌려보내라. 앉은뱅이 환자를 어떻게 감당하냐?" 그랬더니, 초등학교 6학년 딸이 옆에서 듣다가 눈물을 흘리면서 "아저씨들, 이 동네에서 안 받아 주시면 우리는 갈 데가 없어요." 하고는 우는 겁니다. 어린 소녀가 우는 걸 보니 가슴이 아프지 않겠습니까?

두레마을 식구들은 절 닮아서 다 마음이 약합니다. 특히 여자의 눈물에 약합니다. 우는 애를 보고 안 되겠다 싶어서 받았습니다. 한 식구가 됐는데 앉은뱅이 환자가 식사하러 갈 때마다 얼마나 불편합니까? 화장실 갈 때마다 어려움이 많습니다.

그 후 집회에 갔다가 일주일 만에 돌아왔는데 걷지 못하던 분이 걸어 다니는 겁니다. 저는 깜짝 놀랐습니다. 안수 기도한 것도 아닌데 나았습니다.

그래서 이상해서 "어찌된 일입니까? 어떻게 일주일 만에 서서 다니십니까?" 그랬더니 "목사님, 굉장하지요? 다른 마을에서는 안 받아 주시는데 두레마을에서 받아 줘서 너무 고마워서 죽을 자리를 찾았구나 싶었습니다. 제가 병들어서 마누라도 도망가 버리고 길에서 죽는가 했는데 두레마을에서 받아 주시니 '이제 병은 못 낫는 거지만 하늘나라 갈 때까지 이 동네서 감사한 줄 알고 기도하며 살다가 천국 가야지' 하는 마음이 들어서 방에서 혼자 기도했습니다. 혼자 방에서 '예수님 감사합니다. 내가 이제 죽을 자리를 찾게 하시니 감사합니다. 이 두레마을에 축복을 주시옵소서.'

그렇게 혼자 기도하는데 허리에 힘이 오기에 이상하다 싶어서 벽을 짚고 혼자 일어났어요."

기도하다가 혼자 벽 짚고 일어난 것입니다. 정말 은혜입니다.

두레마을 청년들이 기쁜 표정으로 말합니다.

"목사님, 굉장하지요? 두레마을에서 앉은뱅이가 나았습니다."

그래서 제가 걱정이 돼서 이랬습니다.

"이 사람들아, 절대 그 말 소문내지 마라. 나가서 그 말 하면 큰일 나겠다. 전국에 앉은뱅이가 일이백 명이겠냐? 두레마을에서 앉은뱅이 고친다고 소문나 봐라. 기도하다가 혼자서 나았다는데, 소문은 그렇게 안 믿는다. 두레마을에서 앉은뱅이 고친다고 그래 봐라 큰일 난다. 전국에서 모여들면 어떡하냐?"

"목사님, 우리 두레마을 식구 중에 소문낼 사람이 누가 있습니까? 목사님이나 나가셔서 소문내지 마십시오."

중요한 것은 성령께서 역사하시는 공동체는 증인 공동체요 선교의 공동체라는 것입니다. 그러면 무엇으로 선교합니까? 성령 안에서 사는 사랑의 삶, 진리의 삶, 순종하는 삶, 그 삶 자체로 선교하는 것입니다.

그 시대의 백성들에게 예수님의 사랑을 전해주고, 성령님의 '두나미스', 즉 권능을 전해 주고, 하나님과 더불어 사는 백성들은 어떻다는 걸 보여 주는 것입니다. 그렇게 사는 백성들은 어떻다는 걸 보여 주는 것입니다. 그렇게 사는 자체가 그 시대의 기울어진 역사, 병든 역사를 일으키는 것입니다.

느헤미야의 다섯 가지 행동

중단된 민족의 역사를 다시 일으키고 크게 쓰임 받은 인물 중에서 느헤미야가 있습니다. 저는 여러분들이 장래에 느헤미야 같은 인재가 되기를 바랍니다. 느헤미야는 성경에 나오는 성공 사례입니다. 하나님의 말씀으로 회복시키고 중단된 이스라엘 민족 역사를 새롭게 한 위대한 인물입니다.

여러분 가운데 느헤미야 같은 인재가 많이 나와야 하지 않겠습니까? 여러분과 여러분의 교회는 무엇을 자랑하시겠습니까? 좋은 건물입니까? 아니면 많은 신도 수입니까? 느헤미야처럼 한 시대를 일으키는 민족의 일꾼, 하나님의 말씀으로 증인이 되어 우리 한반도의 역사를 새롭게 할 수 있는 사람, 성령의 권능으로 참 선교를 하는 사람, 그리고 성경적으로 삶으로써 백성들의 가슴을 뜨겁게 하고 역사를 새롭게 하는 인재가 많이 나왔다는 것을 자랑해야 하지 않겠습니까? 그런 일에 여러분이 도전하기를 바랍니다. 여러분의 나이가 바로 그런 꿈을 가지는 때입니다.

그런 뜻과 비전을 가지고 살아야 하는데, 요즈음 청년들은 유감스럽게도 신입생 환영이다 뭐다 해 가지고 친목회나 하려 하고 여름만 되면 당회에 지원 받아서 해수욕장엘 갑니다.

민족과 백성들의 설움과 아픔을 구하겠다는 그런 포부나 사명감은 없고 그냥 남녀 청년들이 모여서 노는 데만 정신이 팔리면 얼마나 부끄러운 일이겠습니까? 그런 뜻에서 느헤미야 같은 인물은 참 중요한 인물입니다.

저희가 내게 이르되 사로잡힘을 면하고 남은 자가 그 도에서 큰 환난을 만나고 능욕을 받으며 예루살렘 성은 훼파되고 성문들은 소화되었다 하는지라 (느헤미야 1:3)

청년 느헤미야는 자기 민족의 역사가 형편없이 무너졌음을 듣습니다. 백성들은 흩어지고 성은 무너지고, 이스라엘 민족은 모든 민족 가운데서 부끄러운 민족이 됐습니다. 느헤미야 1장과 2장 속에 그러한 현실에 직면해서 느헤미야가 취했던 행동 다섯 가지가 나옵니다. 여러분은 그걸 꼭 기억하시기 바랍니다.

여러분 중에는 고등학교를 졸업하고 대학으로 가는 사람, 안 가는 사람, 직장 다닐 사람으로 여러 가지 길로 갈라지겠지만, 느헤미야서 1장과 2장에 나오는 것처럼 이스라엘 역사가 위기에 처했을 때에 하나님의 사람 느헤미야가 취했던 다섯 가지 행동을 한결같이 기억하시고 삶 속에서 실천해 나가는 여러분이 되기를 바랍니다.

: 눈물의 기도 :

내가 이 말을 듣고 앉아서 울고 수일 동안 슬퍼하며 하늘의 하나님 앞에 금식하며 기도하여 (느헤미야 1:4)

첫째로 느헤미야는 기도부터 시작했습니다. 조국이 처한 비극적인 상황 앞에서 울며 기도하며 금식하며 기도했습니다. 기도로 시작했습니다. 여러분은 먼저 기도의 사람이 되는 일부터 시작해야 합니다. 나라를 구한 느헤미야의 역사는 기도에서 시작했습니다. 느헤미야는 울며 금식하며 기도했습니다.

: 회개의 기도 :

이제 종이 주의 종 이스라엘 자손을 위하여 주야로 기도하오며 이스
라엘 자손의 주 앞에 범죄함을 자복하오니…… (느헤미야 1:6)

범죄에 대한 회개입니다. 스스로 죄 지은 것도, 나라가 잘못된
것도, 개인이 잘못된 것도, 민족의 병든 것도 다 죄 때문에 그러하
다며 눈물의 기도로 범죄함을 자복했습니다.

…… 주는 귀를 기울이시며 눈을 여시사 종의 기도를 들으시옵소서
나와 나의 아비 집이 범죄하여 주를 향하여 심히 악을 행하여 주의
종 모세에게 주께서 명하신 계명과 율례와 규례를 지키지 아니하였
나이다 (느헤미야 1:6~7)

느헤미야는 조국의 비극적인 역사에 직면하자 기도와 회개부터
시작했습니다. 자기와 아비 집이 범죄하여 오늘의 역사가 병들었
고 이런 슬픈 현실을 맞았다는 회개부터 시작을 했습니다.
여러분, 저는 데모도 하고 대학부터 지금까지 정치범으로 감옥
에 네 번 들어갔다 나왔다 했습니다. 심할 때는 15년 선고를 받고

중앙정보부에 가서 매 맞다가 병도 들고 까무러치기도 했습니다.

그런데 나이를 먹으면서 찬찬히 영적으로 돌이켜보면, 그때 제가 잘못된 것을 정부나 대통령 같은 다른 사람 탓으로 돌렸지, 자신의 죄를 회개하는 그런 마음은 품지를 못했습니다.

그 감옥에서 느헤미야서를 읽으며 제 자신을 돌이켜 보았습니다. 진정한 새로운 역사는 나라 일도 개인 일도 교회 일도 자기 죄를 회개하고 자기가 새로워지는 것, 자기 정화(淨化)에서 시작하는 것입니다.

70~80년대 시절 청년들이나 야당이나 운동권이나 모두들 자기가 잘못한 것은 하나도 없다고 생각합니다. 다 정부가 잘못했고 군인들이 잘못했고 대통령이 잘못했고 다른 사람이 잘못한 것만 열심히 핏대를 올려서 규탄을 하고 내 자신이 잘못한 것에 대해서 가슴 아프게 돌이키는 마음이 없었습니다. 우리 기독교인들은 그렇게 하면 안 됩니다.

하나님의 사람은 자기 죄와 아비 집의 죄를 자복하고 자기 회개에서 시작해야 하는 것입니다. 여러분은 그 점부터 새로워지기를 바랍니다. 자신부터 잘못된 것을 고쳐 나가기를 바랍니다.

하나님은 그런 사람을 쓰십니다. 그렇게 자기 스스로 눈물로 기도하며 자기 회개부터 시작하는 사람을 일꾼으로 쓰셔서 시대의 병을 고치시고 역사를 새롭게 하시는 것입니다.

: 신앙고백 바로 하기 :

옛적에 주께서 주의 종 모세에게 명하여 가라사대 만일 너희가 범죄하면 내가 너희를 열국 중에 흩을 것이요 만일 내게로 돌아와서 내 계명을 지켜 행하면 너희 쫓긴 자가 하늘 끝에 있을찌라도 내가 거기서부터 모아 내 이름을 두려고 택한 곳에 돌아오게 하리라 하신 말씀을 이제 청컨대 기억하옵소서 (느헤미야 1:8~9)

말이 좀 길고 복잡하지만 추려 보면 간단합니다. 역사를 주관하시는 분은 대통령도 아니고 왕도 아니고 살아 계신 하나님이라는 말입니다. 살아계신 하나님께 순종하는 백성은 축복해 주지만, 불순종하고 하나님의 계명을 지키지 않는 백성은 흩어지고 망하게 합니다. 개인이 망하는 것도 민족이 망하는 것도 하나님께서 주장하신다는 것입니다.

어떤 백성을 축복한다는 것입니까? 하나님의 계명을 지키고 순종하는 백성은 축복하고 번영케 하지만, 불순종하고 계명을 떠나는 백성은 흩어지고 망하게 한다는 것입니다. 이것은 한마디로 역사를 주장하시고 심판하시는 분은 살아 계신 하나님이라는 고백입니다. 신앙고백입니다.

그래서 세 번째는 신앙고백을 분명히 하는 것입니다. 이 신앙고백은 역사를 주장하시는 하나님의 섭리에 대한 고백입니다. 개인도 민족도 세계도 모두 하나님이 주장하신다는 하나님께 드리는 고백입니다.

여러분, 하나님의 일을 어디서부터 시작하시렵니까? 신앙고백을 바로 하는 데서부터 시작합시다. 이것이 건전한 신앙입니다. 건전한 신앙의 세 가지 요소는, 첫째가 분명한 신앙고백입니다. 무슨 고백이지요?

예수님께서 내 죄를 용서하신 내 영혼의 주인이시라는 고백, 그리고 그 예수님이 개인뿐 아니라 민족과 세계도 주장하신다는 신앙고백입니다.

둘째는 교회를 섬기는 자세입니다. 저는 두레 교회, 여러분은 여러분의 교회, 여러분의 부서부터 충실하게 섬기는 자세가 필요합니다.

셋째는 온몸으로 섬기면서 그 시대의 병을 바로잡으려고 애쓰는 역사의식입니다.

이 세 가지가 건전한 신앙의 세 가지 요소입니다.

다시 한 번 강조합니다.

건전한 신앙의 첫 번째는 분명한 신앙고백입니다.

여러분께 묻겠습니다. 여러분은 예수님을 여러분 개인의 구주로 믿고 고백합니까? 이때 "아멘!" 하는 것이 건전한 신앙의 첫 번째 조건입니다.

두 번째는 무엇입니까? 교회를 섬기는 마음가짐입니다.

예를 하나 들겠습니다. 작고하신 함석헌 선생님은 우리 민족의 지도자였습니다. 저는 사상적으로 정신적으로 함석헌 선생님을 존경하지만, 신앙적으로는 존경하지 않습니다. 왜냐하면 함 선생님은 한국 교회에 대해 회개하라는 비판을 교회 밖에서만 열심히 하셨습니다. 그러나 정작 교회 안에서는 서리 집사를 한 것도 아니고, 십일조 헌금을 낸 것도 아니고, 찬양대도 안 하시고, 교회학교 선생님을 하신 것도 아니고, 교회 밖에서 교회 비판만 하셨습니다. 이는 건전한 신앙관이 아닙니다.

비판을 하더라도 교회 안에서 섬기면서, 자기 직분을 감당하면서 하는 것이 건전한 신앙인의 자세입니다. 그런 영적 기준에서 저는 함석헌 선생님은 신앙의 사표가 될 수 없다고 생각합니다. 그러나 민족적인 스승으로서는 훌륭하고 존경받으실 만한 분입니다.

건전한 신앙의 셋째 요소는 무엇입니까?

역사의식입니다.

역사의식이 무엇입니까? 민족도 세계도 하나님이 주인 되시고 다스리시므로 그 하나님의 이름으로 민족을 섬기고 시대를 섬기고 시대의 병을 내 몸으로 감당하는 것입니다.

여러분, 보수적인 교회들이 약점이 있다면 역사의식이 부족한 점입니다. 교회만 자꾸 키우려 하고 병든 사회를 섬기려는 정신은 약합니다. 복음적인 교회들이 역사의식이 약해지기가 쉬운 것입니다.

개인 구원 신앙의 뜨거움과 사회의 병을 고치겠다는 뜨거운 사명감이 함께 있어야 건전한 신앙인데 그렇지 않은 경우가 많습니다. 그래서 느헤미야가 취했던 중요한 세 번째 행동은 분명한 신앙고백에서 시작한 것입니다.

: 자기 헌신 :

주여 구하오니 귀를 기울이사 종의 기도와 주의 이름을 경외하기를 기뻐하는 종들의 기도를 들으시고 오늘날 종으로 형통하여 이 사람 앞에서 은혜를 입게 하옵소서…… (느헤미야 1:11)

느헤미야는 조국의 현실을 앞두고 첫 번째는 기도했습니다.

두 번째는 회개했습니다.

세 번째는 신앙고백을 분명히 했습니다.

네 번째가 중요합니다. 네 번째는 그 민족의 현실을 고쳐서 형통한 역사, 바로 서는 민족이 되는 일에 써 달라고 자기를 바쳤습니다.

헌신입니다. 자기 헌신입니다.

바치지 않고 다른 사람만 비판한다고 되겠습니까? 기도만 한다고 되겠습니까? 신앙고백이 아무리 분명해도 자기 인생을 헌신해서 바치지 않으면 안 되는 것입니다. 여러분처럼 좋은 시절에 이 민족과 교회와 이 백성을 새롭게 하는 일에 써 달라고 헌신하는 결단이 있기를 바랍니다.

나 혼자 잘 먹고 잘 살고 출세하는 것이 아니라 느헤미야처럼 이 시대와 백성을 하나님의 이름으로 섬기는 일에 여러분을 헌신하는 결단이 있기를 바랍니다. 기독 청년들은 결단이 약한 듯합니다.

여러분 신문 보시지요? 운동권 선배들은 분신자살도 합니다. 대학 시절에 운동권에 들어가고 졸업하고는 공장에 가서 평생 노동자로 같이 삽니다. 그렇게 헌신하는 청년들이 전국에 2,3만 명 된다고 합니다. 그런데 교회에서 자란 청년들은 헌신을 안 합니다. 입으로만 '사랑! 감사!' 하면서 주님의 이름으로 백성들을 위해서 몸 바쳐 일하는 정신이 약합니다. 헌신하는 정신이 약한 것입니다. 여러분들은 느헤미야와 같은 헌신의 결단이 있기를 바랍니다.

: 준비 :

우리나라 사람들은 이 다섯 번째를 체질적으로 제대로 하지 못합니다.

다섯 번째는 바로 준비하는 것입니다.

하나님께 나를 써 달라고 헌신한 뒤에 하나님께서 쓰실 수 있는 인재가 되도록 준비하는 것입니다. 큰 사명을 가지고 작은 것 하나하나 다 준비하는 것입니다.

그래서 느헤미야서 2장 1절에서 16절까지 보면 느헤미야가 하나님께서 자기를 쓰실 수 있도록 하기 위해서 얼마나 철저하게 준비했는지가 나옵니다. 하나님은 준비하는 사람을 쓰십니다.

저는 대학생들에게 설교하면서 데모하지 말라고 말합니다.

"야, 이 사람들아! 데모 그만해."

그러면 학생들이 반발합니다.

"쥐약 먹었다."

여당 쥐약 먹고 와서 데모하지 말라고 그런다는 것입니다. 그러면 웃으면서 이렇게 말합니다.

"이 사람들아, 내가 쥐약 먹었다고? 내가 약을 먹기는 먹었는데 쥐약은 아니고 신약, 구약을 먹었다."

저도 열심히 데모하다가 감옥에 들어가게 되어 거기서 성경을 읽었습니다. 성경 말씀 읽다가 은혜 받고 감격해서 눈물을 흘리면서 주님 앞에서 새로운 인생을 시작했습니다. 그래서 제가 신약 구약 먹었다는 것입니다.

성경 말씀을 눈물을 흘리면서 읽고서 생각이 바뀐 것입니다. 목표가 바뀌고 뜻이 바뀌었습니다. 참으로 신약, 구약은 바른 일꾼 되게 하는 우리 영혼의 양식입니다.

그 뒤로 제가 늘 주장하기를 '뜻이 있는 사람은 길거리에 나가서 데모하는 게 아니다. 하나님께서 쓰실 수 있도록, 민족의 부름에 쓰임 받을 수 있도록 준비해야 한다.'고 합니다.

하나님께서 어떤 사람을 쓰십니까? 역사는 어떤 일꾼을 씁니까? 길거리에 뛰어다니는 사람이 아니라 준비하는 사람을 하나님께서 쓰십니다. 길거리에 나가서 화염병을 던지는 것보다 더 용감한 것은 대학 4년 동안, 고등학교 3년 동안 열심히 도서실에서, 기도실에서, 교회에서 준비하는 사람입니다. 준비된 사람을 쓰시지, 준비되지 않은 사람을 어떻게 일꾼으로 쓰시겠습니까. 그런데 청년 시절에는 성질이 급해서 준비하기 전에 길거리에 뛰어나가곤 합니다. 준비하기 전에 소리칩니다.

여러분은 아직 어린 나이입니다. 일하는 데에 급하지 않기를 바랍니다. 열심히 준비하기를 바랍니다. 느헤미야처럼 순교자의 증인 정신으로 인생을 걸고 준비합시다. 순교자가 되는 마음가짐으로 철저하게 공부하고 준비하고 힘을 키워서 때가 됐을 때 하나님의 일꾼으로 쓰임 받읍시다.

변화는 하나님 말씀으로 시작합니다

드디어 느헤미야가 준비되자 하나님께서 쓰셨습니다. 그는 예루살렘 총독이 됐습니다. 총독의 자리에 앉았을 때에 느헤미야가 예루살렘 시민을 다 모아 놓고 감동적인 연설로 새로운 역사를 시작합니다.

하나님은
어떤 사람을 쓰십니까?

역사는
어떤 일꾼을 씁니까?

하나님은 준비된 사람을 쓰십니다.
지금 시간을 아끼고 철저하게 공부하고 준비해야 합니다.
바로 지금!

후에 저희에게 이르기를 우리의 당한 곤경은 너희도 목도하는 바라…… (느헤미야 2:17)

우리 민족이 당한 곤경, 어려운 처지는 다 눈으로 보는 바와 같다는 말입니다. 여러분, 요즘 텔레비전이나 신문을 보면 우리나라의 어려운 사정이 나오지요? 수출은 갈수록 어렵고 외국 물건을 계속 개방하고 사라고 압력이 심하고, 범죄도 늘어나고 참으로 어렵지요? 그러나 우리가 당한 어려운 처지를 설명할 필요가 없다는 것입니다. 매일 신문으로 텔레비전으로 라디오에서 귀로 듣고 눈으로 보는 바와 같다는 말입니다. 이러한 나라의 어려운 상황 속에서 느헤미야는 어떻게 해결을 했는지 보겠습니다.

…… 예루살렘이 황무하고 성문이 소화되었으니 자, 예루살렘 성을 중건하여 다시 수치를 받지 말자 하고 (느헤미야 2:17)

여러분, 우리 민족은 일제 36년 동안 얼마나 많은 수치를 받았습니까? 민족의 싸움이었던 6·25전쟁으로 얼마나 또 수치를 받았습니까? 외환위기로 IMF 구제금융을 받을 때 얼마나 부끄러웠습니까? 이 수치를 벗어나려면 무엇으로 해결할 수 있습니까?

18절 말씀에 그 해답이 있습니다. 18절 말씀은 느헤미야서 전체의 핵심이 되는 말씀입니다. 그래서 느헤미야서의 열쇠(key word)

가 되는 말씀이라고 합니다.

또 저희에게 하나님의 선한 손이 나를 도우신 일과 왕이 내게 이른 말씀을 고하였더니 저희의 말이 일어나 건축하자 하고 모두 힘을 내어 이 선한 일을 하려 하매 (느헤미야 2:18)

바로 결론입니다. 예루살렘 시민을 모아 놓고 느헤미야가 민족의 수치를 벗어나자고 하면서, 하나님의 선한 손이 어떻게 인도했으며 자기의 기도에 어떻게 응답했는지, 하나님의 말씀을 백성들에게 전했습니다. 하나님의 손길이 역사하신 개인의 체험과 하나님의 말씀을 백성들한테 전했더니 그 하나님 말씀이 그 백성들의 가슴을 뜨겁게 했습니다.

하나님의 말씀과 간증을 듣기 전에는 서로 싸우고 시기하고 같이 망할 짓만 하던 백성들이 느헤미야를 통해서 하나님의 말씀을 받고서는 "하나님의 선한 손이 나를 도우신 일과 왕이 내게 이른 말씀을 전하였더니 그들의 말이 일어나 건축하자"고 했습니다.

하나님의 말씀이 들어가니까 백성들이 용기를 냈습니다. 뜨거워지고 변화가 되었습니다.

우리나라와 이 백성들을 변화시키는 것은 바로 하나님 말씀의 종들이 직장으로, 농촌으로, 공장으로, 마을로 들어가서 하나님의 말씀으로 새롭게 하는 데 있습니다.

운동권이나 정치하는 사람들은 이데올로기를 가지고 또는 세상 어떤 사상을 가지고 의식화하려 합니다. 그러면 우리는 무엇으로 의식화합니까?

하나님의 말씀으로 의식화해서 백성들이 용기를 얻게 하고 힘을 내게 합니다. 하나님의 말씀이 예수님의 제자들에게 들어갔을 때 그들의 가슴이 뜨거워진 것처럼 우리 기독교인이 말씀으로 준비해서 우리 백성들을 뜨겁게 하는 의식화입니다.

"일어나 건축하자" 하면서 다시 교회를 일으키고 민족을 일으키고 역사를 일으키는 일을 우리 기독교인들이 담당해야 합니다. 느헤미야가 했던 것처럼 여러분이 그 일을 감당하는 하나님의 일꾼들이 되어야 하는 것입니다. 이것이 말씀을 통해 백성을 깨우치고 역사를 새롭게 하는 진정한 선교입니다. 그 일을 여러분이 지금부터 준비하기를 바랍니다. 새로운 역사를 시작하기 바랍니다.

이스라엘 역사가 다시 그때부터 일어나기 시작한 것을 배웁시다. 여러분 한 사람 한 사람의 헌신을 통해서 민족이 일어나면 중단됐던 역사가 새로워지고 병들었던 백성들이 다시 새로워집니다.

느헤미야의 성공 사례는 말씀을 통한 의식화로 이루어진 것입니다. 청년 여러분들이 우리 시대의 느헤미야가 되어 백성들의 가슴을 뜨겁게 하고 우리 7,000만 동포가 하나님의 말씀으로 일어나 새롭게 하는 미래를 같이 창조해 낼 수 있기를 바랍니다.

누구든지 하나님을 사랑하노라 하고 그 형제를 미워하면 이는 거짓말하는 자니
보는 바 그 형제를 사랑치 아니하는 자가 보지 못하는 바 하나님을 사랑할 수가 없느니라
(요한일서 4:20)

하나님이여 내 마음이 확정되었고 내 마음이 확정되었사오니 내가 노래하고
내가 찬송하리이다 내 영광아 깰찌어다 비파야, 수금아, 깰찌어다 내가 새벽을 깨우리로다
(시편 57:7~8)

바닥에서 살아도 하늘을 본다

2010. 2. 20. 초 판 1쇄 발행
2015. 5. 29. 개정판 1쇄 발행

지은이 | 김진홍
일러스트 | 최윤규
펴낸이 | 이종춘
펴낸곳 | **BM 성안당**

주소 | 121-838 서울시 마포구 양화로 127 첨단빌딩 5층(출판기획 R&D 센터)
413-120 경기도 파주시 문발로 112(제작 및 물류)

전화 | 02) 3142-0036
031) 950-6300

팩스 | 031) 955-0510
등록 | 1973.2.1 제13-12호
출판사 홈페이지 | **www.cyber.co.kr**
ISBN | 978-89-315-7863-8 (03230)
정가 | 13,000원

이 책을 만든 사람들
책임 | 최옥현
진행 | 조혜란
본문 디자인 | 박원석
표지 디자인 | 윤대한
홍보 | 전지혜
국제부 | 이선민, 조혜란, 신미성, 김필호
마케팅 | 구본철, 차정욱, 나진호, 이동후, 강호묵
제작 | 김유석